FACULTÉ DE DROIT DE PARIS

IDÉES GÉNÉRALES

SUR LE

DROIT DE PÉTITION

DANS LES ÉTATS MODERNES

THÈSE POUR LE DOCTORAT

PRÉSENTÉE ET SOUTENUE

Le samedi 9 juin 1900, à 8 heures 1/2.

PAR

Léon JOLY

AVOCAT A LA COUR D'APPEL

Président : M. CHAVEGRIN, *professeur*.
Suffragants : { MM. LARNAUDE, *professeur*.
AUDIBERT, *professeur*.

Le Candidat répondra, en outre, aux questions qui lui seront posées sur les autres matières de l'enseignement.

❦

PARIS

V. GIARD & E. BRIÈRE

LIBRAIRES-ÉDITEURS

16, Rue Soufflot. 16

1900

THÈSE

POUR

LE DOCTORAT

IDÉES GÉNÉRALES

SUR LE

DROIT DE PÉTITION

DANS LES ÉTATS MODERNES

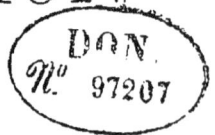

THÈSE POUR LE DOCTORAT

PRÉSENTÉE ET SOUTENUE

Le samedi 9 juin 1900, à 8 heures 1/2.

PAR

Léon JOLY

AVOCAT A LA COUR D'APPEL

Président : M. CHAVEGRIN, *professeur.*
Suffragants : \ MM. LARNAUDE, *professeur.*
/ AUDIBERT, *professeur.*

Le Candidat répondra, en outre, aux questions qui lui seront posées
sur les autres matières de l'enseignement.

PARIS

V. GIARD & E. BRIÈRE

LIBRAIRES-ÉDITEURS

16, Rue Soufflot, 16

—

1900

IDÉES GÉNÉRALES

SUR LE DROIT DE PÉTITION

DANS LES ÉTATS MODERNES

CHAPITRE PRÉLIMINAIRE

Notions Générales.

L'État et les droits individuels. — Le contrat social et la philosophie du XVIIIᵉ siècle. — Fondement des droits individuels. —
La liberté antique et la liberté moderne. — Distinction fondamentale entre les droits publics et les droits politiques. — Difficultés en ce qui concerne le classement du droit de pétition
dans l'une ou l'autre catégorie. — Ce que nous nous proposons
d'étudier dans le droit de pétition.

L'article 2 de la Déclaration des Droits de l'homme
et du citoyen était ainsi conçu : « Le but de toute association politique est la conservation des droits naturels
et imprescriptibles de l'homme. » Les philosophes du
XVIIIᵉ siècle avaient beaucoup parlé de ces droits natu-

rels et imprescriptibles, et la Révolution française venait de consacrer législativement les principes que cette philosophie avait mis en lumière.

Le monde antique admettait sans réserves le droit illimité de l'Etat, et il ne pouvait être question de ces principes naturels que l'Etat ne devait pas méconnaître, et qui formaient une limite salutaire à son omnipotence. Cette théorie était donc ignorée de l'antiquité grecque et romaine; elle l'était aussi au moyen-âge, et dans cette première partie de la période moderne, qui avait vu se former en France une monarchie puissante et absolue, sur les ruines de la Féodalité.

Cependant, quelques auteurs du xvi⁵ siècle, et parmi eux, Bodin, posaient ce principe que le souverain ne devait pas plus violer le droit naturel que le droit divin, et qu'il fallait, entre autres choses, respecter la propriété privée et les contrats honnêtes passés par les particuliers entre eux (1). Mais c'est vers le xviie siècle que la théorie des droits naturels de l'individu apparaît d'une façon plus nette, et elle s'affirme définitivement au xviiie siècle dans les écrits des philosophes de cette époque.

La conception du contrat social servit de base à ces droits individuels. L'indépendance absolue de l'homme était considérée comme l'état premier, antérieur à toutes les sociétés civiles. En renonçant à cette liberté

1. Bodin. *Les six livres de la République*, livre I, ch. IX, p. 150 et suiv.

primitive pour se mettre en société et former un Etat, les hommes n'avaient voulu abandonner que cette partie de leurs droits incompatible avec la notion de l'Etat. Sans doute, l'idéal eût été que les individus, se réunissant ainsi, pussent retirer tous les avantages possibles, sans rien céder de leurs libertés ; mais c'était chose impossible ; ils avaient donc conservé la plus grande partie de leurs droits et n'avaient entendu faire que les sacrifices les plus rigoureusement indispensables.

Ces droits qu'ils avaient gardés, l'Etat devait les respecter, puisqu'ils étaient pour ainsi dire supérieurs à lui. Telle était l'opinion qui fut soutenue par les plus grands penseurs dn xviii° siècle : Locke (1), Wolff (2), Blackstone (3), Rousseau (4), Siéyès (5).

C:tte doctrine porta ses fruits, et la déclaration des Droits de l'Homme et du Citoyen l'a consacrée. Cependant, depuis cette époque, on a rejeté les bases fragiles sur lesquelles était assis le contrat social et il est maintenant admis qu'il n'y eut aucune convention de ce genre, à l'origine de la société.

Le contrat social disparaissant, il a fallu chercher un autre fondement sur lequel on pût faire reposer les

1. *Essay on civil governement*, § 135-142.

2. *Jus naturæ*, t. VIII. § 980.

3. *Commentaries*, B. I, ch. I, p. 124.

4. *Contrat social*, livre II.

5. Discours du 2 thermidor an III (*Réimpression de l'ancien Moniteur*, t. XXV, p. 292).

droits individuels. Cette justification, nous la trouvons dans la raison d'être du groupement humain. L'Etat ne doit pas être considéré comme un but, mais comme un moyen ; les hommes ne sont organisés en Etats que pour assurer leur bonheur commun, en gênant le moins possible le développement de leurs facultés individuelles. Comme le dit M. Esmein, « le premier intérêt et le premier droit de l'individu, c'est de pouvoir librement développer ses facultés propres, et le meilleur moyen pour assurer ce développement, c'est de permettre à l'individu de le diriger lui-même spontanément, et, à sa guise, à ses risques et périls, tant qu'il n'entamera pas le droit égal d'autrui. Or, assurer ce développement, c'est justement le but des diverses libertés qui constituent les droits individuels : en ne les respectant pas, la société politique manquerait à sa mission essentielle et l'Etat perdrait sa première et sa principale raison d'être (1). »

L'homme a donc des droits, et ces droits, il doit être à même de les exercer. L'Etat ne doit pas avoir la prétention de refaire l'individu, ni de le gêner dans le libre essor qu'il veut donner à ses facultés. Ces idées sont généralement admises presque partout et il est facile de s'en convaincre en parcourant les Constitutions qui régissent les différents Etats modernes. Presque dans tous les pays, on a pris soin de bien déter-

1. Voyez M. Esmein. *Droit Constitutionnel*. Paris, 1896, p. 158 et 367 et suivantes.

miner la somme des libertés laissées à chaque individu, libertés qui sont placées sous la protection et la sauvegarde de la Constitution.

Ces libertés sont, de nos jours, assez nombreuses, elles ont acquis une grande importance et l'idée que nous nous en faisons est loin de ressembler à la conception qu'en avait l'antiquité.

La liberté est le droit pour chacun de nous de n'être ni arrêté, ni détenu, ni maltraité d'aucune manière, par l'effet de la volonté arbitraire d'un ou de plusieurs individus. C'est aussi le droit pour chacun de choisir son industrie et de l'exercer en paix, de disposer de son bien, d'aller, de venir et de ne rendre compte à personne des mobiles le poussant à faire telle ou telle démarche. C'est enfin le droit pour chaque individu de se réunir à plusieurs autres, d'influer sur l'administration, sur le gouvernement, par la voie de la presse, par des demandes, des pétitions que l'autorité est plus ou moins obligée de prendre en considération.

Voilà la liberté moderne. La Constitution de 1793 la définissait très bien en ces termes : « La liberté est le pouvoir qui appartient à tout homme d'exercer à son gré toutes ses facultés. Elle a la justice pour règle, le droit d'autrui pour bornes, la nature pour principe et la loi pour sauvegarde. » Avant elle, la Déclaration des droits de l'homme avait déjà dit dans son article 4 : « La liberté consiste à faire tout ce qui ne nuit pas à autrui : ainsi l'exercice des droits naturels de chaque homme

n'a de bornes qui celles qui assurent aux autres membres de la société la jouissance des mêmes droits. »

Cette conception que nous nous faisons de la liberté
n'est plus du tout la même que celle qui était en faveur
dans le monde antique. Même dans les plus beaux
jours de la République, qu'est-ce que les Romains
entendaient par « liberté » ? C'était le droit de délibérer sur la place publique, de décider de la paix ou de
la guerre, de voter les lois dans les comices, d'élire
les chefs de l'Etat, de les juger même et, après les
avoir entendus, de les absoudre ou de les condamner.
Voilà ce qu'ils considéraient comme la liberté.

Mais la liberté individuelle, nous ne la rencontrons
nulle part dans la cité antique, l'individu ne s'est jamais
appartenu et même il ne lui venait pas à l'esprit qu'il
pût un jour s'appartenir. Comme le dit M. Fustel de
Coulanges « il n'en avait pas l'idée et il ne croyait pas
qu'il pût exister de droit pour lui à l'encontre de la
cité et des dieux (1). » Et alors, à côté d'une liberté
politique très étendue, bien plus vaste même que celle
qui existe de nos jours, on rencontre un assujettisse-
ment pour ainsi dire complet de l'individu à l'Etat.

Toutes les actions privées sont soumises à une surveillance sévère et jalouse. Rien n'est accordé à l'indépendance individuelle, rien n'est laissé à l'initiative
privée. Pour tout, religion, finances, administration,

1. Fustel de Coulanges. *Cité antique*, p. 269 et suivantes,

commerce, industrie, on s'en remet aux mains du Sénat, gardien de la tradition. Même la faculté de choisir son culte, ce droit le plus précieux qui existe peut-être, n'était pas reconnu chez les anciens. Les lois réglementent tout, même les mœurs ; et l'homme qui, comme citoyen, a un pouvoir presque illimité, qui peut juger, condamner, dépouiller, se voit, comme individu, jugé et condamné selon le bon plaisir de la volonté générale.

Athènes seule est peut-être de toutes les cités antiques celle qui se rapproche le plus de nous (1), mais partout ailleurs, l'individu est noyé dans la nation et voit sa vie privée soumise à l'ingérence presque continuelle de l'État. C'est bien l'opinion de Benjamin Constant, lorsqu'il constate que dans l'antiquité » les hommes n'étaient que des machines dont la loi réglait les ressorts et dirigeait les rouages ».

Nous sommes loin de la conception moderne de la liberté. Ce que les Romains abandonnaient au Sénat, c'est pour nous l'essentiel. Ce que nous demandons avant toutes choses, ce sont les droits individuels. Faire que l'État soit assez puissant pour faire régner la justice et la paix, sans empiéter sur les droits de l'individu et sans les soumettre à des restrictions oppressives ou à des limitations inutiles : c'est là tout le problème politique qui se pose de nos jours.

1. Pour des détails plus complets. V. *Œuvres politiques* de Benjamin Constant, 1874, p. 263 et suiv.

Il s'en faut que ce problème soit résolu ! Si, en théorie, toutes les constitutions ont la prétention d'assurer des droits aux citoyens, du moins, dans la pratique, ces libertés sont souvent méconnues, et tous les gouvernements y ont apporté, à différentes époques, de graves restrictions.

Nous ne ferons pas ici l'énumération de tous ces droits individuels ; tantôt on les a appelés des droits civils : c'est la terminologie employée au XVIIIe siècle et dans les débats des assemblées de la Révolution. Rossi, lui, les nomme droits publics et c'est cette dénomination qui leur est le plus communément restée dans la pratique. Après avoir défini les droits privés, ceux qui rentrent dans le droit civil, Rossi dit qu'il y a une autre catégorie de droits appartenant aux individus, droits qu'on ne pourrait guère concevoir en dehors de la société, car ils sont l'expression du développement des facultés humaines dans l'état social. Ce sont les droits publics. Enfin, dans une troisième classe, Rossi place les droits politiques qui impliquent une certaine participation à la puissance publique.

Sous quelque dénomination que l'on range les droits individuels, ils se distinguent très nettement des droits politiques. Ces derniers ne sont accordés qu'à ceux qui ont la qualité de citoyens et à ceux-là seulement. Le droit de suffrage politique en est un exemple, tout

---

1. Rossi. *Cours de droit Constitutionnel*, 2e édition, t. I, p. 9.

le monde n'est pas appelé à en jouir; il y a des conditions de sexe, d'âge, de domicile, quelquefois même
de cens et de capacité. Une grande partie des membres
qui composent la nation en est donc exclue.

Au contraire de ceux-ci, les droits publics appartiennent en principe à tous, quels que soient leur âge,
leur sexe, leur capacité. Cela est vrai, sans aucune
contestation, pour la liberté de conscience par exemple.
Pour certains autres, bien qu'en principe, ils soient
reconnus à tous, la réglementation légale qui leur est
appliquée entraîne quelques incapacités. Cherchons un
exemple dans la liberté du travail. C'est bien un droit
individuel, et cependant, dans certains cas, on a été
forcé de le réglementer pour en atténuer les abus;
nous faisons allusion aux restrictions qui entourent le
travail des femmes et des enfants. Toutes ces barrières
ont été établies uniquement dans l'intérêt de l'individu
et dans le but de le protéger contre l'abus qu'il pouvait faire de son droit.

Malgré cela, la distinction entre les droits publics et
les droits politiques est très tranchée. Et cependant,
il est un droit sur lequel il n'est guère possible de
se prononcer *a priori* : c'est le droit de pétition. Nous
verrons que, par certains côtés, il touche de bien près
aux droits politiques ; par d'autres, au contraire, on
doit l'envisager comme un droit public.

Cette étude du droit de pétition est assez vaste ;
nous serons forcé de la limiter. On pourrait envisager

ce droit au point de vue historique et, dans cet ordre
d'idées, rechercher ce qu'était la pétition sous l'ancienne
France et sous la Révolution. En poussant même plus
loin ses investigations, on remonterait jusque dans les
sociétés antiques où ce droit était exercé. On pourrait
aussi faire une étude comparée sur la façon dont les
Chambres examinent les pétitions, et on serait alors
amené à approfondir les règlements des diverses assemblées législatives sur cette matière.

Mais ce n'est pas là l'objet de notre étude. Toutefois, nous serons parfois obligés de puiser dans l'histoire
quelques renseignements. Le droit de pétition est lié à
la liberté, et il n'est susceptible de prendre un certain
développement que dans un Etat suffisamment libre.
Mais ce retour vers le passé sera très court, car ce
que nous nous proposons de voir, c'est le droit de pétition tel qu'il existe actuellement dans les principaux
Etats modernes.

Nous n'étudierons pas non plus les règlements des
Chambres en ce qui concerne la procédure suivie dans
l'examen des pétitions, nous ne ferons qu'indiquer les
dispositions fondamentales et nécessaires à l'intelligence
du sujet.

Ce que nous voulons étudier avec quelque détail,
dans le droit de pétition, ce sont d'abord ses caractères généraux, puis, nous chercherons à qui en appartient la jouissance, à quelles conditions son exercice est
soumis ; ensuite nous jetterons un coup d'œil sur les

conséquences qu'entraîne l'exercice de ce droit, sur ses effets; nous nous demanderons enfin, s'il est d'un emploi fréquent et nous rechercherons les causes de sa décadence.

CHAPITRE I

Caractères du droit de Pétition.

Différentes formes que peut présenter le droit de pétition. — Distinction faite par Le Chapelier entre la plainte et la pétition. — Dans notre législation, le droit de pétition est un droit public. — Il a un caractère propre. — Confusion impossible entre le droit d'initiative populaire et le droit de pétition ; différences nombreuses qui les séparent.— Légitimité du droit de pétition : sa raison d'être. — Il sert de garantie aux autres droits individuels.

Le droit de pétition se présente sous deux formes bien distinctes. Si on le considère dans toute son étendue et de la façon la plus large, c'est la faculté qui appartient à toute personne, à tout individu, de s'adresser aux pouvoirs constitués, aux autorités constitutionnelles, pour leur faire connaître tel ou tel fait et pour solliciter leur intervention. Voilà d'une manière générale ce que l'on entend par le droit de pétition.

Mais quels sont les faits que l'on peut soumettre à la connaissance des autorités ? Ils peuvent revêtir deux aspects différents: A l'origine, ce droit se présente à nous sous les modestes apparences de la plainte et de la prière ; il en était ainsi sous l'ancienne monarchie.

Ce droit n'était pas positivement reconnu par la loi, mais la faculté de pétitionner s'exerçait sous la forme d'humbles suppliques et de placets, adressés, soit au roi, soit aux autres autorités.

Les pétitions ne concernaient alors que des intérêts privés ou locaux et elles se confondaient avec les doléances ou remontrances, qui constituaient une des plus précieuses garanties laissées aux citoyens. Ce droit s'exerce encore aujourd'hui de cette manière. On adresse une pétition à une autorité, pour lui signaler un acte injuste dont on a été victime et dont on demande le redressement. Renfermé dans ces limites, le droit de pétition est un droit individuel touchant à des intérêts individuels.

Mais, petit à petit, ce droit, jusqu'alors si restreint, a pris une ampleur considérable. La Révolution de 1789, en déplaçant le fondement même du pouvoir et en proclamant le principe de la souveraineté nationale, a placé le droit de pétition au nombre des droits constitutionnels. Ce n'est plus alors seulement une plainte que l'on émet, un vœu que l'on formule, une prière que l'on fait, mais c'est une critique des actes du pouvoir à qui l'on adresse non-seulement des conseils, des idées, mais même des ordres. Dès lors, se dessine d'une façon saisissante la distinction qui existe entre le droit de Pétition, considéré comme moyen d'obtenir le redressement d'un intérêt lésé, et ce droit beaucoup plus large qui consiste à influer sur le gouvernement en lui demandant l'élaboration d'une loi nouvelle ou l'abrogation d'une disposition existante.

Dans ce dernier cas, la pétition ne vise plus un intérêt privé, mais un intérêt général, et alors nous pouvons dire avec Rossi que « le droit de pétition s'exerce, soit dans l'intérêt particulier des pétitionnaires quand ils demandent le redressement d'un tort ou le rétablissement d'un droit individuel, soit dans l'intérêt général, par le moyen de représentations, de renseignements fournis, de mesures provoquées d'après l'observation de tel ou tel fait social (1) ». Mais alors, nous ne sommes plus seulement en présence d'un droit public et il semble bien que nous avons devant nous un droit politique (2). Il apparaît en effet comme une participation, si petite fût-elle, à l'élaboration de la loi, et il est arrivé fréquemment que des pétitions ont eu assez d'influence pour forcer la main au législateur et obtenir de lui le vote des mesures qu'elles réclamaient.

La distinction entre ces deux formes du droit de pétition s'est présentée pour la première fois devant l'Assemblée Constituante, dans sa séance du 9 mai 1791. Le Chapelier, au nom du comité de constitution, prit la parole et, après avoir considéré la faculté de pétitionner comme le droit le plus précieux qui puisse exister dans l'ordre social, comme l'apanage essentiel

1. V. Rossi, *op. cit.* Tome III, p. 159.

2. En ce sens. V. M. Ducrocq. *Cours de Droit administratif.* Tome III, 7ᵉ Ed. p. 276.

de la liberté, il sépare nettement la pétition de la plainte. « La plainte, dit-il, est un droit naturel de tout homme qui serait lésé par une autorité ou par un individu quelconque. Le droit de pétition, au contraire, tout citoyen l'exerce par lui-même, d'après le principe que les citoyens ne doivent déléguer que les droits qu'ils ne peuvent exercer... Le droit de pétition est une espèce d'initiative de la loi, par laquelle le citoyen prend part au gouvernement de la société. Il ne peut donc appartenir qu'aux membres du corps social ; il est par conséquent un droit exclusif du citoyen. »

Cette idée souleva de vives protestations. Robespierre se refusa à séparer la plainte de la pétition et réclama ce droit pour tous comme « le droit imprescriptible de tout homme vivant en société. » L'abbé Maury parla dans le même sens et la Constitution de 1791 se rangea de son côté en garantissant, comme droit naturel et civil, la liberté d'adresser aux autorités constituées des pétitions signées individuellement.

Il serait intéressant de rechercher le mobile qui a poussé le législateur de cette époque à considérer le droit de pétition comme un droit exclusivement individuel. Si l'on se reporte aux travaux de la Constituante, on voit qu'à cette époque, le suffrage universel n'existait pas et que, pour être électeur, il fallait être citoyen actif, c'est-à-dire, avoir 25 ans, remplir certaines conditions de domicile déterminées par la loi, n'être pas un serviteur à gages et payer, dans un lieu quelconque, une imposition directe au moins égale à la valeur de trois journées de travail, enfin être inscrit au rôle des gardes nationales. Beaucoup de citoyens étaient donc privés du droit de vote et on a voulu accorder à ces Français une légère compensation, en leur permettant de faire entendre leurs plaintes sous la forme d'une requête ou d'un conseil. Cela ne devait pas, pensait-on, entraîner de bien graves conséquences et les individus, privés du droit de suffrage, pourraient de cette façon participer, dans une certaine mesure, à la confection de la loi.

Quoiqu'il en soit, le législateur de 1791 a introduit ces idées dans notre droit public et, depuis cette époque, on a toujours considéré en France le droit de pétition comme un droit individuel.

L'histoire du droit de pétition est chez nous intimement liée à celle de deux autres grandes libertés, qui ont plus d'un caractère commun avec le droit qui fait l'objet de notre étude ; nous voulons parler du droit de réunion et de la liberté de la presse.

Lorsqu'on a cherché à resteindre cette faculté d'adresser des pétitions aux autorités constituées, c'est qu'on se trouvait à l'une de ces époques où le pouvoir voulait étouffer la liberté individuelle. Et quoi de plus naturel alors pour lui de s'en prendre aussi aux autres manifestations de la pensée ? Sous le second Empire, l'assem-

blée législative ne recevait pas les pétitions et la procédure d'examen de celles qui parvenaient au Sénat ne
présentait aucune garantie. On cherchait à décourager
le zèle des pétitionnaires et on y était parvenu. A côté
de cela, les réunions et la presse étaient soumises à un
régime très restrictif et la liberté individuelle n'était
plus qu'un vain mot.

Cette parenté entre le droit de pétition et le droit de
réunion est si vraie que les premières lois, qui ont consacré chez nous ces deux grandes libertés, les ont intimement liées. En effet, la loi des 14-18 décembre
1789, dans son article 62 dit à ce sujet : « Les citoyens
actifs ont le droit de se réunir paisiblement et sans armes en assemblées particulières, pour rédiger des
adresses et des pétitions, soit au corps municipal, soit
au Roi, sous la condition de donner avis aux officiers
municipaux du temps et du lieu de ces assemblées et
de ne pouvoir députer que dix citoyens pour présenter
ces pétitions et adresses ».

Malgré cela, le droit de pétition a un caractère propre et ne peut être confondu avec aucun autre. Et
cependant dans ces dernières années, la confusion a
parfois été faite et l'on a cru voir un droit de pétition
dans un autre privilège naissant accordé au peuple :
l'initiative populaire en matière législative et constitutionnelle.

Cette initiative populaire, qui est appliquée en Suisse,
est le droit pour les citoyens, lorsqu'ils se réunissent

en nombre exigé par la constitution de soumettre une
proposition à la votation du peuple (1). C'est une forme
impérieuse et absolue du droit de pétition, mais ce n'est
pas le droit de pétition. Par la voie de l'initiative, le
peuple est tout puissant pour faire ou modifier la loi.
Le nombre de signatures, exigé pour qu'une demande
soit prise en considération, varie avec les différents
cantons ; quelquefois il en faut jusqu'à 6000 ou 7000 :
d'autres fois, comme dans les pays de « landsgemeinde »,
un seul citoyen peut provoquer un vote en soumettant
une proposition au peuple.

Le législateur suisse a même été plus loin. Par suite
de la grande poussée démocratique qui a eu lieu dans
ce pays au cours de ce siècle, on s'est vu dans la nécessité d'étendre de plus en plus les droits du peuple ;
il a fallu modifier la constitution fédérale et admettre

---

1. V. sur l'initiative populaire : Curti: *Geschichte der schweizerichen Volksgestzgebung*. 1885. Keller : *das volksinitiativ nach
den schweizerichen kantonsverfassungen*. Zurich, 1889. Article de M. Hilly, *Revue de Droit International*. 1892. Berney :
L'initiative populaire en droit public fédéral ; université de
Lausanne 1892. Deploige : *le referendum en Suisse*. Bruxelles,
1892. Dubs : *Le droit public de la Suisse*. Dunant: *La législation par le peuple en Suisse*. Deslandes : *L'intervention du peuple dans le pouvoir législatif* : Dijon 1894. Droz: *Etudes et por-
traits politiques* ; Genève et Paris 1895. Borgeaud, *Etablisse-
ment et révision des constitutions*. Signorel : *Le referendum
législatif*. Paris 1896.

l'initiative populaire même au cas de révision partielle.

Avant 1891, si 50.000 électeurs demandaient la révision de la constitution, on consultait le peuple sur la
question de savoir si, oui ou non, il y avait lieu d'en-
treprendre cette révision.

Mais depuis 1891, l'initiative est admise même au
cas de revision partielle. Il ne sera dès lors plus nécessaire de faire ce long travail d'une revision totale de la
Constitution ; 50.000 électeurs pourront demander l'a-
brogation et la modification d'un seul article de la
Constitution. Bien plus même, les motionnaires pourront présenter leur demande en revision sous forme
d'un article constitutionnel, qui sera soumis tel quel au
vote du peuple et des cantons. Désormais, le peuple
suisse pourra, en tous temps, s'ériger en autorité constituante et rendre des décrets souverains, sans la col-
laboration des conseils élus. Pourvu que 50.000 citoyens
en fassent la demande, toute proposition devra être
soumise au peuple, si elle est présentée dans la forme
d'un acte constitutionnel.

Les théoriciens disent bien que les seules propositions, qui seront transmises au vote populaire, sont
celles qui ont trait à des objets d'ordre constitutionnel. Mais où commencent-elles, ces matières constitutionnelles ? où finissent-elles ? En théorie, il est certain
qu'on définit parfaitement le rôle de la Constitution.
Elle doit régler l'organisation et les rapports des

grands pouvoirs de l'Etat, proclamer les libertés individuelles, les principes généraux ; mais, en pratique,
toutes les constitutions contiennent des dispositions
n'ayant qu'un rapport lointain avec les matières constitutionnelles. C'est même le cas de la Constitution Fédérale suisse qui comprend, dans son article 21, des prescriptions relatives à la correction des torrents, dans
son article 29 des dispositions ayant trait aux péages,
ou aux alcools, comme dans l'article 32.

Dès lors, dans la pratique, l'initiative populaire peut
s'appliquer à tout et elle constitue une arme puissante
entre les mains du peuple ; celui-ci peut légiférer, tout
comme ses mandataires (1).

1. Art. 121 de la Constitution fédérale suisse.—La revision partielle peut avoir lieu, soit par la voie de l'initiative populaire, soit
dans les formes statuées par la législation fédérale. L'initiative
populaire consiste en une demande, présentée par 50.000 citoyens
suisses ayant le droit de vote et réclamant l'adoption d'un nouvel
article constitutionnel ou l'abrogation ou la modification d'articles
déterminés de la constitution en vigueur. Si par la voie de l'initiative populaire, plusieurs dispositions différentes sont présentées pour être révisées ou pour être introduites dans la Constitution Fédérale, chacune d'elles doit former l'objet d'une demande
d'initiative distincte. La demande d'initiative peut revêtir la
forme d'une proposition conçue en termes généraux ou celle d'un
projet rédigé de toutes pièces. Lorsque la demande d'initiative
est conçue en termes généraux, les chambres fédérales, si elles
l'approuvent, procéderont à la revision partielle dans un sens
indiqué et en soumettant le projet à l'adoption ou au rejet du

Comme on le voit, nous sommes loin du modeste droit de pétition et il est facile de saisir les nombreuses différentes qui existent entre ces deux droits.

Une pétition peut être adressée à toute autorité, pourvu qu'elle vise un fait rentrant dans la compétence de cette autorité. On adresse des pétitions aux organes administratifs comme au pouvoir législatif. L'initiative populaire, au contraire, s'adresse toujours au peuple et au peuple considéré comme pouvoir législatif.

Dans sa confection, la pétition peut être signée de plusieurs noms, d'un seul même ; il n'y a rien de prescrit à cet égard. Il n'en est pas de même dans le droit d'initiative populaire : le nombre de signatures est strictement déterminé par la loi et, si le chiffre requis n'est pas atteint, il sera impossible de donner suite à la demande dûe à l'initiative du peuple.

peuple et des cantons. Si, au contraire, elles ne l'approuvent pas, la question de la revision partielle sera soumise à la votation du peuple ; si la majorité des citoyens suisses prenant part à la votation se prononce par l'affirmative, l'assemblée fédérale procédera à la revision en se conformant à la décision populaire. Lorsque la demande revêt la forme d'un projet rédigé de toutes pièces et que l'assemblée fédérale lui donne son approbation, le projet sera soumis à l'adoption ou au rejet du peuple et des cantons. Si l'assemblée fédérale n'est pas d'accord, elle peut élaborer un projet distinct ou recommander au peuple le rejet du projet proposé et soumettre à la votation son contre-projet ou sa proposition de rejet en même temps que le projet émané de l'initiative populaire.

Le cas s'est très fréquemment présenté de propositions ne réunissant pas un nombre suffisant de signatures. Dans ces dernières années, en Suisse, on a cherché à faire voter le peuple sur la question du traitement gratuit des malades ; cette proposition ne put
jamais recueillir 50.000 signatures ; il n'y eut donc aucune suite.

Le domaine de l'initiative est assez limité. Quoique
nous ayions montré tout à l'heure, qu'en fait, on par-
viendrait à introduire dans la constitution une quantité
de dispositions ne s'y rattachant que de très loin, encore
faut-il qu'il y ait un certain rapport, une certaine affi-
nité entre ces matières et les matières constitutionnelles. En un mot, le domaine de l'initiative populaire est
assez restreint : élaboration, modification ou abrogation d'une loi ou, dans certains cas, d'un décret, enfin
révision de la Constitution. Au contraire, le champ
dans lequel peut s'exercer le droit de pétition est ex-
cessivement vaste. On peut pétitionner sur toutes choses, pourvu que l'on observe les convenances et le
respect que l'on doit à l'autorité à laquelle on s'a-
dresse.

L'initiative populaire, elle, est donc une participation
à l'exercice du pouvoir législatif, tandis que le droit
de pétition, même envisagé sous son aspect politique,
est bien loin d'être aussi puissant ; il n'a pas tant de
prétentions et son but est d'appeler simplement l'attention du législateur sur certains points. Nous revendi

querons pour tous les nationaux le droit de pétition ; au contraire, nous voyons dans l'initiative populaire un droit politique, réservé aux seuls électeurs. Il faut jouir de ses droits politiques pour pouvoir apposer valablement sa signature au bas d'une demande de ce genre.

Et la différence entre ces deux droits s'accentue encore lorsqu'on passe aux conséquences qu'ils entraînent l'un et l'autre, lorsqu'on en étudie les effets. La loi détermine d'une façon précise le sort qui est réservé à une demande dûe à l'initiative populaire. Un vote populaire doit suivre et le gouvernement ne peut empêcher cette conséquence de se produire, sous peine de violer la constitution. Rien de semblable pour le droit de pétition ; celui qui reçoit une pétition n'est pas obligé de l'examiner. Nous verrons même plus tard que, le plus souvent, on n'y prête pas grande attention.

Nous pensons que le droit d'initiative accordé au peuple ne s'impose pas au même titre que le droit de pétition. Sans doute, par le moyen de l'initiative, la nation participe à la confection de la loi ; elle peut faire adopter de bonnes mesures, elle en peut faire abroger de mauvaises, mais à côté que de funestes conséquences ! Presque tous les auteurs qui ont étudié la question, presque tous les hommes politiques qui parlent sans parti pris sont d'accord pour prévoir de grands

dan gers (1). Tous reconnaissent, qu'en théorie, ce serait l'idéal que le peuple pût concourir à l'œuvre législative et provoquer de sages mesures, mais en pratique, que d'inconvénients !

Nous ne voulons pas faire ici une étude critique du
droit d'initiative populaire, et cependant qu'il nous soit
permis de montrer un peu, combien cette faculté, donnée à 5.000 électeurs, de réclamer un vote du peuple,
peut semer de désordres et d'agitations dans l'Etat.
La première fois que l'on fit usage de l'initiative en
Suisse, ce fut pour faire une œuvre de persécution
religieuse. Depuis, il faut le reconnaître, le peuple
suisse a montré plus de sagesse et a fait justice de
maintes propositions dangereuses qui lui étaient soumises. Mais il a fallu combattre, il a fallu que tous les
magistrats, y compris le Président de la Confédération
helvétique, se jetassent dans la mêlée des partis, il a
fallu des assemblées innombrables, des dépenses con-
sidérables. Peut-on deviner l'extension que peut prendre dans la suite un pareil droit, arme puissante aux
mains des partis extrêmes? Et encore la Suisse est-
elle un pays où l'on pratique depuis de longues années
le gouvernement direct sous des formes variées ! La
démocratie est de fondation dans cet Etat ; les lands-

1. V. Droz, *ouvrage cité*, page 478 et suivantes. Deploige, p.
130 et suivantes. Borgeaud, p. 399. Duvergier de Hauranne : *la
Suisse et sa constitution.. Revue des Deux-Mondes*, n₀ du 15
avril 1873.

gemeine existent, dans certains cantons, depuis des siècles (1) ; le referendum s'est implanté dans toutes les parties de la Suisse et y fonctionne assez bien. Et puis la Suisse est un petit pays ; il serait bien difficile de prévoir ce que deviendrait cette initiative, accordée au peuple en matière législative et constitutionnelle dans un Etat comme le nôtre.

D'ailleurs, quel que soit le but de ceux qui dirigent tous ces mouvements, de ces gens qui ont pour mission de racoler des signatures, ils sont obligés de flatter les instincts populaires. Ce n'est guère avec des questions abstraites que l'on parvient à remuer les masses; il faut leur montrer, comme résultat de la réforme pour laquelle on demande leurs signatures, un avantage quelconque à obtenir, parfois même une passion à assouvir. On s'adresse donc à leur cupidité, à leur fanatisme religieux et, en fin de compte, on exploite leurs préjugés.

L'initiative populaire ne s'impose donc pas dans un pays même très démocratique, et un peuple peut jouir de grandes libertés sans que ce droit lui soit accordé. Il n'en est pas de même du droit de pétition.

Refuser le droit de pétition à une nation serait la mettre dans l'impossibilé absolue de faire connaître ses désirs, ses aspirations, ce serait la soumettre aux caprices de ses mandataires et créer ainsi une source

---

1. V. Cherbuliez. *La Démocratie en Suisse*, p. 122 et suivantes.

Inévitable de révolutions. Sans doute, il y a les élections, par lesquelles le peuple, en nommant tel ou tel représentant, indiquera par son choix quelles sont ses volontés, mais les élections sont assez espacées. Chez nous, par exemple, la Chambre des Députés est élue pour quatre ans : dans ce laps de temps, de nombreux événements peuvent se produire qui nécessitent l'élaboration d'une loi nouvelle ou des changements quelconques dans la législation. Et même, en ne plaçant pas le droit de pétition sur ce terrain politique, combien d'intérêts seraient laissés en souffrance, combien d'abus passeraient inaperçus !

« L'idéal, dit M. Beudant, est que le pouvoir soit organisé de telle façon que, puissant par le bien, il soit impuissant par le mal (1). » Malheureusement, c'est un idéal et Montesquieu disait déjà : « C'est une expérience éternelle que tout homme, qui a du pouvoir, est porté à en abuser et va jusqu'à ce qu'il rencontre des limites (2). » Ainsi s'explique l'importance que Montesquieu attachait déjà à l'organisation politique; il voyait, dans la séparation des pouvoirs, une garantie pour la liberté des citoyens, non pas qu'il espérait voir cette séparation entraîner fatalement le respect des droits, « car il est clair, disait il, que, si ceux qui détiennent le pouvoir s'entendent, ils pourront toujours opprimer une partie du pays. »

1. Beudant. *Le droit individuel et l'Etat.* p. 123 et suivantes.
2. Montesquieu. *Esprit des Lois.* Livre XI, ch. IV.

Cela c'est vu sous tous les gouvernements et Taine, dans un chapitre des *Origines de la France contemporaine*, compare avec justesse la Convention Nationale à Philippe II brûlant les hérétiques, à Louis XIV, convertissant de force les protestants, à Frédéric II, à Pierre le Grand.

Le pouvoir souverain, dans une nation, appartient à la majorité du corps électoral et il est exercé par ses délégués. Il est à craindre que les majorités ne viennent à abuser de leurs pouvoirs pour opprimer les minorités, en vue de perpétuer leur domination, ou plus encore, de satisfaire leurs rancunes ou leurs haines. Aussi fallait-il accorder aux citoyens — et cela dans l'intérêt des minorités — certaines libertés, certains droits qui seraient placés sous la sauvegarde de la Constitution. Le gouvernement n'aurait la faculté d'y apporter aucune modification, aucune restriction et, pour arriver à les entamer, il ne suffirait pas d'une loi ordinaire, mais d'une révision solennelle de la Constitution. Là est la raison d'être du droit de pétition et des autres droits individuels.

Le droit de pétition est légitime et, s'il est un droit protecteur de la liberté, s'il existe une barrière contre l'abus et l'arbitraire des gouvernements, contre le despotisme des autorités, c'est en lui qu'on les trouvera. Le Chapelier, dans la séance du 9 mai 1791, disait avec raison au nom du comité de Constitution : « Le droit de pétition est l'apanage le plus précieux qui existe dans l'ordre social, l'apanage essentiel de la liberté. Sous un gouvernement despotique, on supplie, on se plaint rarement, parce qu'il y a des dangers à se plaindre. Dans un gouvernement libre, on ne supplie jamais, on se plaint hautement, quand on est dans l'exercice de ses droits. »

Le droit de pétition est plus ; il sert de garantie aux autres droits individuels ; lorsqu'un droit est violé, les citoyens ont la liberté de s'adresser, par voie de pétition, aux autorités constituées pour demander le redressement de leurs griefs. Il ne suffit pas de reconnaître aux individus un certain nombre de droits, il faut encore les garantir contre les atteintes dont ces droits pourraient être l'objet. Sans doute, on a des moyens de se protéger contre les abus dont on est victime de la part des agents du pouvoir ; ainsi n'avons-nous pas le droit de déférer au Conseil d'Etat pour excès de pouvoir tout acte de l'autorité administrative ? Mais il y a une autre catégorie d'actes qui échappent à cette sanction : ce sont les actes gouvernementaux.

Enfin n'y a-t-il pas des abus qui peuvent être commis par les autorités chargées de faire la loi ? et ces abus sont à l'abri de toute poursuite, de tout recours. Les tribunaux judiciaires sont chez nous dans la nécessité d'appliquer les lois même inconstitutionnelles, du moins sous l'empire de la Constitution de 1875, car, sous les constitutions impériales de l'an VIII et de 1852, une assemblée était chargée de prononcer la nullité

des actes qui seraient considérés comme inconstitu-
tionnels : cette assemblée était le Sénat conservateur.

Sous l'empire de la Constitution qui nous régit, il n'en
est pas ainsi. Les libertés reconnues aux citoyens
peuvent être violées, les tribunaux n'auront pas à intervenir, car il y a, chez nous, une séparation des pouvoirs administratif, législatif et judiciaire. Les citoyens pourront alors trouver une dernière sauvegarde
dans le droit de pétition, qui leur permettra de réclamer aux autorités publiques la liberté violée. Il n'en
est pas de même dans tous les pays. Les tribunaux
américains, par exemple, sont compétents pour connaître des atteintes portées aux droits reconnus formellement par la Constitution. Il y a une différence assez
importante entre ce système américain et celui qui était
pratiqué chez nous sous les constitutions impériales de
l'an VIII et de 1852, en ce sens, qu'en Amérique, ce
n'est pas un corps politique qui est compétent, mais
ce sont les organes judiciaires, et ces derniers offrent
beaucoup plus de garanties.

De nos jours, le droit de pétition, comme les autres
libertés individuelles, est-il placé sous la sauvegarde
de la Constitution ? Il en était ainsi sous les Constitutions de la période révolutionnaire, et sous l'empire
des chartes de 1814 et de 1830 ; ces statuts fondamen-
taux disposaient que les droits des citoyens étaient garantis par la Constitution. Nos lois constitutionnelles de
1875 sont muettes sur ce point ; elles ne renferment

en effet que ce qui est absolument nécessaire pour
assurer le fonctionnement du gouvernement et elles
se contentent d'organiser les pouvoirs publics, de
déterminer leurs rapports entre eux ; mais elles sont
muettes sur tous autres points. Nous verrons plus tard
que, malgré cela, les droits individuels n'en subsistent
pas moins. Nous considérons cependant que le système américain offre beaucoup plus de garanties aux
individus et les met, pour ainsi dire, à l'abri des abus
dont pourraient parfois se rendre coupables les agents
du pouvoir. Une loi, qui, chez nous, supprimerait
ou entamerait une liberté, ne serait pas nulle pour
cela. Sans doute, le corps législatif, en l'adoptant, a
violé la Constitution ; mais, une fois votée, elle n'en
devient pas moins obligatoire pour tous et ni le pouvoir exécutif, ni le pouvoir judiciaire ne pourraient se
refuser à l'appliquer.

Le principe suivi en Amérique a très fréquemment
été proposé en France, mais jamais il n'a pu se faire
admettre. La raison en est peut-être dans le peu d'indépendance dont jouissait, sous certains gouvernements, le pouvoir judiciaire. Bien plus même, chez
nous, par une raison historique sans doute, on cherche à écarter le plus possible les tribunaux des choses,
de la politique ; les Parlements, dans l'ancienne France
avaient des attributions politiques et l'on a toujours
depuis conservé une défiance vis-à-vis de ces corps
judiciaires.

Dailleurs, comme le dit très justement M. Esmein,
« la meilleure garantie des droits individuels se trouve
dans les mœurs, dans l'esprit national et peut-être
aussi dans l'institution des deux Chambres ».En Angleterre, le pays du monde où ces droits sont le mieux
assurés, il n'y a aucune garantie qui soit placée ni dans
un corps politique, ni dans un organe judiciaire. Le
parlement est souverain et peut légiférer sur toutes
choses (1).

Le droit de pétition, avons-nous dit, est un droit
essentiel, celui des humbles, des opprimés. L'individu
qui croit avoir raison et qui s'est vu repoussé de tous
ceux à qui il a soumis ses revendications, peut se servir de la pétition pour faire entendre sa voix aux pouvoirs constitués. C'est sa dernière ressource, le droit
de résistance à la loi n'étant pas et ne pouvant être
organisé dans aucune constitution. Quel que bien admi-
nistré que soit un Etat, il restera toujours en dehors de
l'organisation des autorités publiques et de la représentation des intérêts généraux, une foule d'intérêts
lésés ; il y aura des citoyens qui élèveront la voix
pour réclamer. Ecouter ces réclamations est le devoir
de tout gouvernement ; les comprimer serait une ini-
quité.

1. Esmein. *Ouvrage cité*, p. 590.

CHAPITRE II

Jouissance du droit de pétition.

Jouissance du droit de pétition en Angleterre, aux Etats-Unis et
dans les colonies anglaises. — A qui ce droit appartient-il en
France ? — Examen de la question en ce qui concerne les femmes, les mineurs, les condamnés, les étrangers. — Législations
étrangères : Belgique, Suisse, Hollande, Espagne, Portugal,
Italie, Autriche, Allemagne, pays Scandinaves, etc. — Les autorités constituées et les associations ont-elles la jouissance du
droit de pétition ? — La législation française et les législations
étrangères.

La légitimité du droit de pétition a été reconnue par
tous les peuples et l'on voit, en tête de la plupart des
Constitutions, ce droit consacré parmi les libertés garanties aux citoyens.

C'est en Angleterre, le pays des libertés individuelles par excellence, que l'on trouve les premières appli-
cations du droit de pétition. Ce droit, comme toutes les
libertés anglaises, se perd dans le passé; mais pendant
longtemps, il n'a été pratiqué que sous la forme de
plaintes, de doléances adressées au pouvoir royal. Il
ne servait donc qu'à réclamer le redressement de
griefs personnels ou locaux.

Ce n'est que dans le courant du xviii° siècle, que

les pétitions, limitées jusque-là à des intérêts purement privés, ont pris un caractère plus élevé. Et pourtant ce droit n'est pas formellement reconnu par un article constitutionnel. Il n'existe pas de constitution en Angleterre, si l'on désigne par ce mot un statut fondamental organisant les pouvoirs de l'Etat et de ses différents organes. A aucun moment de leur histoire, les Anglais n'ont pensé qu'il était nécessaire de régler dans une constitution les bases de leur droit public. Les institutions anglaises ne sont que le développement naturel des anciennes coutumes et des vieux usages en pratique chez les peuplades primitives, comme les Normands, les Saxons. « Successivement modifié, dans ses détails, dit M. de Franqueville, par la suite des générations, se développant sans cesse suivant les besoins de chaque époque, le vieil édifice de la constitution britannique s'est maintenu à travers les âges, comme la base d'une grande société qui a su, mieux que toute autre, unir le progrès à la stabilité » (1). Nous ne trouvons donc, en Angleterre, aucun acte précis, mais seulement quelques bills rendus à des moments différents, certains monuments dont chacun a marqué une étape dans la marche progressive des institutions nationales.

Au nombre de ces actes, nous trouvons, en premier

1. V. à ce sujet l'ouvrage de M. de Franqueville sur les institutions de l'Angleterre. Paris, 1863.

lieu, la Grande charte des Libertés arrachée au roi d'Angleterre, Jean Sans-Terre, le 19 juin 1215. Cette charte reconnaissait aux hommes libres quelques libertés ; et, dans le courant des XIIIᵉ et XIVᵉ siècles, quiconque s'adressait en vain aux juges, pour obtenir d'eux le redressement d'un dommage, pouvait dans une pétition adressée au Roi exposer ses griefs. Le Roi examinait alors la pétition dans son grand Conseil qui n'était alors qu'une simple fraction du Parlement (1).

Plus tard, en 1628, le Parlement, dissout deux fois par Charles 1ᵉʳ, présente un bill ou pétition des Droits, dans lequel il se plaint des abus « contraires aux droits et libertés des sujets, comme aux lois et statuts de la nation. » Ce bill fut sanctionné par la Couronne ; il reconnaissait d'ailleurs des principes qui étaient déjà admis en fait depuis de longues années. D'ailleurs le Roi viola constamment les différentes dispositions de ce bill et ne se fit aucun scrupule de jeter en prison les pétitionnaires qui lui portaient ombrage.

Ces pratiques despotiques continuèrent sous le règne de Charles II. En 1680, ce roi, ayant cessé depuis plusieurs années de réunir le Parlement, reçut un grand nombre de pétitions pour lui en demander la convocation. Il les déclara séditieuses et les interdit. Mais le Parlement s'étant enfin rassemblé, la chambre des com-

_____

1. Anson. *Law and Custom of the Constitution*. p. 309 et suivantes.

munes décréta le 27 octobre 1680 que le droit de pétition était un droit pour les sujets.

Lorsque la couronne fut offerte à Guillaume d'Orange, le Parlement lui fit sanctionner le Bill des Droits, le 24 février 1689, acte qui établit d'une façon définitive les bases fondamentales du droit public de l'Angleterre. « C'est un droit pour les sujets de présenter des pétitions au Roi et tous emprisonnements ou poursuites de pétitionnaires sont illégaux. » Macaulay considère l'avènement de Guillaume d'Orange, et cette déclaration des droits, comme la cause du bonheur de l'Angleterre.

« C'est au Long Parlement et à Guillaume d'Orange, dit-il, que nous sommes redevables de l'autorité de nos lois, de la paix de nos rues, de la sécurité de nos propriétés et du bonheur de nos familles (1) ».

M. Boutmy, dans ses Etudes de Droit Constitutionnel partage le même avis : « Les revendications de cette grande époque sont pleines de l'orgueil d'une race choisie, pour qui la liberté a le caractère d'un privilège de sang, plutôt que d'une loi naturelle commune à tous les hommes ».

Il est à remarquer que tous ces actes dont nous venons de parler ne créaient pas une législation nouvelle ; aucun d'eux n'établit quelque chose de nouveau ;

1. Macaulay. *Histoire d'Angleterre depuis l'avénement de Jacques II*. Traduction nouvelle de M. Emile Montégut, Paris, 1854. Tome II, p. 715.

au contraire, on rencontre partout une insistance cu-
rieuse à rappeler que ces droits appartiennent à tous
les citoyens et qu'ils existent depuis des siècles ; on
les proclame à nouveau, mais on fait bien observer que
ce sont des droits anciens, dont le peuple anglais a toujours eu la jouissance. « Dans toutes nos grandes
luttes politiques, écrit M. Edward Freeman (1), la
voix des Anglais ne s'est jamais élevée pour demander
l'affirmation de principes nouveaux, l'établissement de
lois nouvelles, mais une meilleure observation des
lois ».

Depuis cette époque, le droit de pétition est considéré, en Angleterre, comme un des droits les plus
sacrés de l'individu et il est reconnu à tout Anglais.
Il n'est pas nécessaire, pour en avoir la jouissance,
d'avoir ses droits d'électeur. La loi confère le droit de
suffrage politique à toute personne qui, à un titre
quelconque, occupe une maison entière ou une partie
de maison formant une habitation complètement sépa-
rée et même à tous ceux qui habitent, en qualité de
locataires, un appartement qui, non meublé, se loue-
rait dix livres par an. De plus, la procédure difficile
et compliquée, qui conduit à l'inscription sur les listes
électorales, prive en fait beaucoup d'individus de leurs
droits politiques. Pour tous ces non électeurs, le droit

1. Edward Freeman. *Le développement de la Constitution
anglaise,* ch. II.

de pétition est un moyen de faire entendre leurs désirs aux autorités, et c'est même une des raisons pour lesquelles ce droit a pris de l'autre côté de la Manche une telle extension ; nous le verrons plus tard.

Les femmes aussi ont la jouissance du droit de pétition et personne n'a jamais songé à la leur contester. Avant l'abolition de l'esclavage dans les colonies anglaises, une pétition signée de 40.000 femmes avait demandé cette mesure. Le droit de pétition est donc, dans ce pays, un droit public dans la plus large acception du mot et le célèbre jurisconsulte anglais, Blackstone, dans ses commentaires sur les lois d'Angleterre, le considère comme le droit le plus absolu des individus.

Partout où les Anglo-Saxons ont fondé des colonies, ils ont emporté avec eux les lois et les institutions de la métropole. Le droit de pétition existait déjà aux Etats-Unis bien avant la déclaration d'indépendance. Les Américains jouissaient de toutes les libertés individuelles reconnues dans la mère-patrie, et, comme le dit M. de Chambrun « le droit qui régit l'Amérique s'est formé en Angleterre » (1).

Au Etats-Unis, la souveraineté du peuple est un principe fondamental. M. Wilson, membre de la Convention Constituante de Philadelphie, disait à ce sujet : « Ceux qui n'ont pas étudié de près notre organisation politique

---

1. De Chambrun. *Droits et libertés aux Etats-Unis.* Paris, 1871.

pourront penser que, chez nous, l'autorité suprême réside dans la Constitution. Cette opinion ne fait qu'approcher de la vérité. C'est au peuple qu'appartient la puissance souveraine. De même que nos constitutions sont supérieures à nos législatures, de même le peuple est de beaucoup supérieur à nos Constitutions, en fait comme en droit. » De nos jours, la souveraineté populaire a pris aux Etats-Unis un tel développement que l'on peut dire que le peuple américain participe en fait à tout et que la part laissée à l'administration est faible et restreinte. « Le peuple est la cause et la fin de toutes choses » écrit M. de Tocqueville (1).

Mais là, comme partout ailleurs, c'est la majorité qui fait la loi et, afin de préserver les droits des minorités qui sont singulièrement menacés par le despotisme du nombre, il a fallu garantir aux individus certaines libertés. Mais, en Amérique, tout citoyen d'un Etat particulier est aussi citoyen des Etats-Unis ; aussi est-il de toute nécessité, et cela dans l'intérêt même de sa liberté, que ses droits individuels les plus précieux soient garantis à la fois dans les deux groupements dont il dépend. Il faut, en un mot, que ses libertés soient re-

1. De Tocqueville : *De la démocratie en Amérique*. « S'il est un seul pays du monde où l'on puisse apprécier à sa juste valeur le dogme de la souveraineté du peuple, l'étudier dans son application aux affaires de la société et juger ses avantages et ses dangers : ce pays là est sûrement l'Amérique. » Tome 1er p. 89.

connues et par la Constitution de l'Etat particulier au_
quel il appartient et aussi par la Constitution Fédérale.
C'est ce que trouvaient inutile de faire les auteurs de la
Constitution Fédérale des Etats-Unis ; ils voulaient laisser aux Etats particuliers le droit de reconnaître ou
non ces libertés. La Constitution du 17 septembre 1787
ne contient en effet que de rares dispositions protectri-
ces du droit des citoyens, et telle était bien l'intention
des auteurs de laisser sur ce point toute latitude aux
législateurs des Etats particuliers. Ce ne fut pas l'avis
de Thomas Jefferson qui se prononça en faveur de certains amendements destinés à garantir formellement
les droits des citoyens. « Il y a, disait-il, des droits
qu'on ne saurait abandonner aux gouvernements et
que ceux-ci sont tout disposés à usurper : droit de
publier ses pensées, et aussi le droit à la liberté des individus ».

Cette proposition de Jefferson fut adoptée et les
amendements votés forment dans la Constitution un
chapitre séparé, une annexe contenant une sorte de
rappel à toutes les libertés anglaises classiques. Ces
amendement sont été ratifiés par les législateurs des
différents Etats, conformément au chapitre V de la
Constitution. En tête de ce rappel des libertés indivi_
duelles, se trouve, dans le premier amendement, le
droit de pétition. Le Congrès, dit cet amendement, ne
fera aucune loi établissant une religion d'Etat, ou
prohibant le libre exercice d'une religion, ou restrei-

gnant la liberté de la parole ou de la presse, ou le droit qu'a le peuple de s'assembler paisiblement et d'adresser des pétitions au gouvernement, pour le redressement de ses griefs.

Le Congrès ne peut donc, sous aucun prétexte, toucher à ce droit sacré, garantie de toutes les autres libertés. Le droit de pétition ne pourra jamais être contesté tant que la liberté n'aura pas entièrement disparu et que le peuple ne sera pas tombé à un degré d'abaissement qui le rende incapable d'exercer les privilèges de tout homme libre. Qu'importait alors de l'inscrire dans la Constituante Fédérale ? C'est le reproche qu'on a fait à cet amendement qui, disait-on, faisait supposer que le droit de pétition était une faveur accordée. Ce reproche ne nous semble guère fondé, car les termes mêmes de l'amendement semblent regarder ce droit comme incontestable ; et, d'ailleurs, est-il toujours inutile de reconnaître une fois de plus les droits même les plus sacrés !

Le Congrès s'engage donc à respecter cette faculté de pétitionner devant les autorités publiques, mais, sur ce point, il n'entend pas obliger les Etats à ne pas y toucher. La Cour Suprême des Etats-Unis a jugé que ce droit est garanti aux américains, en ce sens que la Constitution Fédérale ne pourrait y toucher, mais que cette prohibition ne pouvait s'étendre à la législation des Etats qui demeurera intacte sur ce point. D'ailleurs les différents pays, qui composent les Etats-Unis d'Amérique, reconnaissent à leurs sujets le droit de pétition.

Ce n'est pas seulement dans cet Etat que le droit anglais s'est développé et que les libertés anglaises se sont propagées. Dans les colonies que la Grande-Bretagne possède actuellement, le droit de pétition existe et présente les mêmes caractères que dans la métropole. Au Canada, par exemple, la constitution est une copie à peu près exacte des institutions anglaises.

Mais l'influence du droit public anglais s'est fait sentir ailleurs et elle s'est exercée, de la façon la plus directe, sur notre pays.

Avant la révolution de 1789, les Français n'avaient pas la pleine jouissance du droit de pétition. Sans doute, ils avaient le droit de porter leurs plaintes au roi ; personne ne songe, même sous les gouvernements les plus absolus, à contester aux citoyens la faculté de poursuivre ainsi la réparation des dommages qui leur sont causés et il est bien certain que ce droit de pétition était reconnu sous l'ancien régime. On s'adressait au Roi sous forme de suppliques, de placets ; c'est un droit pour l'individu de se plaindre, s'il est lésé dans ses intérêts par une autorité ou par un autre individu.

Mais c'est seulement depuis la Révolution que l'on trouve consacré chez nous le droit de pétition sous sa forme la plus ample et la plus intéressante. A partir de ce moment, ce ne sera plus au Roi, maître absolu, que l'on s'adressera respectueusement et par le moyen d'humbles suppliques, mais c'est aux assemblées déli- rantes, issues de la nation et représentant ses intérêts. Dès lors la pétition n'est plus une tolérance : c'est un droit.

En décembre 1789, un arrêté du 14 de ce mois disait déjà dans son article 62 : « Les citoyens ont le droit de se réunir paisiblement et sans armes en assemblées particulières, pour rédiger des adresses et pétitions... » et au nombre des dispositions fondamentales garanties par la constitution de 1791, on trouve celle-ci : « La constitution garantit... la liberté d'adresser aux auto- rités constituées des pétitions signées individuelle- ment ». Le principe est énoncé d'une manière géné- rale, et désormais tout Français pourra s'adresser aux pouvoirs constitués. La même disposition se retrouve dans la constitution de 1793, à l'article 32 de la décla- ration des droits, et dans l'article 394 de la constitution de l'an III. Comme on le voit, les lois constitutionnel- les de la Révolution ont placé le droit de pétition parmi nos droits publics.

La constitution de l'an VIII les suit dans la même voie et elle reconnaît, dans son article 83, à toute per- sonne le droit d'adresser des pétitions individuelles à toute autorité constituée et spécialement au Tribunat. Enfin les Chartes de 1814 et de 1830 et la constitu- tion de 1852 accordent ce droit à tout individu.

A la différence des Constitutions précédentes, nos

lois de 1875 sont muettes sur ce point. Ce droit n'en
est pas abrogé pour cela, et il ne faut pas voir, dans ce
silence, la suppression d'un des principes fondamen-
taux de notre droit public. Il en est du droit de pétition
comme de plusieurs autres libertés, notamment de la
liberté de la presse. La Constitution garde le silence
sur elle et elle est régie par une loi postérieure. Malgré
cela, une loi, qui viendrait à supprimer l'une de ces
libertés, serait regardée par nous comme contraire à
l'esprit de la Constitution, bien qu'elle ne serait en contradiction formelle avec aucun texte de nos lois de
de 1875. Comme le dit fort justement M. Batbie : « Si
un texte existait, supprimant ces droits, il faudrait en
demander l'abrogation, parce qu'il serait contraire, sinon
à la lettre, du moins à l'esprit de la Constitution (1) ».
Cette question n'a d'ailleurs plus guère d'intérêt aujour-
d'hui, puisqu'une loi du 23 juillet 1879 est venue apporter certaines limitations à l'exercice du droit de pétition : cette liberté est donc implicitement reconnue,
mais seulement par une loi ordinaire.

A qui faut-il accorder ce droit? Sera-t-ce à tous les
Français, sans distinction d'âge, ni de sexe ? Sera-ce
seulement aux électeurs ? Et les étrangers, devra-t-on
leur en refuser la jouissance ? Toutes ces questions
ont été vivement discutées et, si aujourd'hui, il n'existe
plus guère de divergences en ce qui concerne le pre-

---

1. Batbie. *Droit public et administratif*, 2ᵉ édition, tome II,
p. 434.

mier point, du moins pour ce qui est des étrangers, il y a encore quelques discussions. Après avoir examiné ces différentes questions, nous n'en n'aurons pas fini avec les difficultés que soulève la jouissance de ce droit : il nous faudra voir ce qui existe à l'égard des associations et des corps constitués.

Depuis 1789 jusqu'à nos jours, ces questions ont été agitées et la plupart d'entre elles ont reçu une solution. Lors de la discussion à l'Assemblée Constituante, le 9 mai 1791, nous avons vu en quels termes Le Chapelier s'exprimait au sujet du droit de pétition. Il faisait la distinction entre le droit de plainte et le droit de pétition. S'il reconnaissait à tous le premier, du moins voulait-il limiter la jouissance du second aux seuls citoyens actifs. Les autres, suivant lui, sont séparés de la société par le vagabondage, l'inertie et l'éloignement des occupations utiles. « On ne peut entrer dans la société, dit-il, lorsqu'on n'y est rien ; on ne peut participer à ses avantages quand on n'en supporte pas les charges. La taxe des trois livres est si modique qu'il est impossible qu'avec le travail de ses bras, on ne puisse, on ne doive se faire une gloire de la payer ». Le Chapelier oubliait peut-être qu'il était une classe de Français qui était ainsi exclue : c'étaient les domestiques. A cette époque, il est vrai, même dans les constitutions les plus libérales, on les privait de tous droits politiques, mais, comme les autres, ne pouvaient-ils avoir des besoins, des désirs ? Ne leur serait-il pas

permis de demander au législateur une loi améliorant
leur condition? N'auraient-ils pas le droit de réclamer
contre une disposition législative qui viendrait à leur porter préjudice? De plus, pour être citoyen actif, il fallait
remplir certaines conditions de domicile déterminées
par la loi; si le stage prescrit n'était pas accompli,
alors on ne pouvait user du droit de pétition, sous prétexte qu'on n'était pas encore électeur! « Le droit de
pétition, dit Le Chapelier, est une espèce d'initiative
sur la loi, par laquelle le citoyen prend part au gouvernement de la société. Il ne peut donc appartenir
qu'aux membres du corps social ; il est par conséquent
le droit exclusif du citoyen ».

Cette thèse fut vivement combattue par Pétion, par
Robespierre et par Grégoire, alors évêque de Blois.
« Si vous ôtez au citoyen pauvre, disait ce dernier,
le droit de faire des pétitions, vous le détachez de la
chose publique, vous l'en rendez même ennemi. Ne
pouvant se plaindre par des voies légales, il se livrera
à des mouvements tumultueux et mettra son désespoir
à la place de sa raison ».

La discussion continua le 10 mai (1). L'opinion de
Le Chapelier fut encore combattue par Robespierre,
par Beaumetz, par l'abbé Maury et, de ces longs débats,
sortit le décret du 22 mai 1791 disposant que « le droit
de pétition appartient à tout individu ». Dès lors, il

1. V. *Moniteur Universel*, du jeudi 12 mai 1791.

n'y avait plus de doute possible et le droit de pétition était bien un droit public. C'est l'opinion qui prévaut encore de nos jours.

Cependant la question fut de nouveau discutée sous la Restauration et Royer-Collard, dans la séance du 18 janvier 1827, s'écriait : « Quoi, nous sortis des rangs du peuple et qui devons y rentrer; nous qu'il a honorés de ses suffrages, nous dirions : vous n'avez pas le droit de nous exprimer même avec respect les vœux que vous formez pour vos intérêts les plus précieux (1) ». Il réclamait pour tous le droit de pétition et il obtint gain de cause.

De nos jours, on ne discute plus guère cette question et les autorités publiques admettent les pétitions de tous. D'ailleurs cette distinction ne présente plus autant d'intérêt depuis que le suffrage universel a été inscrit dans nos lois. Tout Français, étant électeur, peut aussi exercer le droit de pétition. Mais il est d'autres Français qui, eux, ne jouissent pas de droits politiques, et la question de savoir si on devra leur accorder la faculté de s'adresser aux pouvoirs publics pour exprimer leurs désirs ou leurs revendications, cette question,

1. V. *Moniteur Universel*, du 19 janvier 1827. Royer-Collard répondait à M. Castelbajac qui demandait à ce qu'on écartât la pétition d'un sieur Franclieux, originaire de l'Oise. Cette pétition demandait à la Chambre de rejeter le projet de loi sur la presse et spécialement les dispositions qui rendent l'imprimeur et le libraire responsables avec l'éditeur et le gérant.

disons-nous, reste entière. Ces Français sont nombreux, ce sont les femmes, les mineurs, enfin les individus privés, par suite d'une condamnation, de leurs droits politiques.

Là encore, il ne fait de doute pour personne que les femmes et les mineurs aient le droit d'adresser des pétitions concernant leurs intérêts privés. Cela, c'est le droit de pétition réduit au strict minimum et que nous considérons comme celui de tout être humain. Mais peuvent-ils signer des pétitions touchant à des objets d'ordre politique?

En 1851, un projet de loi fut déposé devant l'Assemblée législative par M. Chapot; il contestait aux femmes et aux mineurs la jouissance d'une telle liberté. Un des articles de cette proposition était ainsi conçu: les femmes et les enfants ne pourront adresser des pétitions à l'Assemblée que pour la réparation de griefs personnels.

M. Quentin-Bauchard, chargé de faire un rapport sur ce projet, s'exprimait ainsi dans la séance du 28 mai 1851. « Les mineurs sont en la puissance et sous l'autorité d'autrui. Ils n'ont pas même la jouissance des droits civils. Ne serait-ce pas un scandale que, dans leur inexpérience, ils fissent des pétitions pour tracer à l'Assemblée ses devoirs ? ». Quant aux femmes, M. Quentin-Bauchard les écarte sous prétexte que ce n'est pas dans leur rôle de signer des pétitionnements de cette nature ; il y a, dit-il, une raison de décence publique et parlementaire (1).

Lorsque la proposition Chapot vint en délibération dans la séance du 3 juillet 1851, M. Schœlcher proposa un amendement qui consistait à rayer du projet les dispositions s'appliquant aux femmes. Il rappela l'exemple de l'Angleterre où la jouissance du droit de pétition ne leur fut jamais contestée. « Un jour, dit-il, en Angleterre, 40.000 femmes présentèrent à la reine Victoria une pétition pour l'abolition de l'esclavage où elles disaient : « Vous êtes mère, madame, nous vous supplions de penser à toutes les mères esclaves qui voient croître leurs enfants pour le fouet de la servitude. »

Or, cette pétition ne fut pas sans influence sur la décision du cabinet anglais qui résolut, sous la présidence d'une jeune femme, de présenter au Parlement le bill

1. V. *Supplément au Moniteur universel* du 29 mai 1851.
« On pourrait citer, dans le passé et dans le présent, dit M. Quentin-Bauchard, beaucoup de femmes d'un mérite élevé qui eussent été ou qui seraient très capables d'apporter des lumières précieuses à l'Assemblée sur les travaux les plus ardus. Mais les femmes n'ont pas entrée dans la cité politique, nos mœurs ne les ont pas faites pour les luttes ardentes et passionnées dans lesquelles se mesurent les partis ; notre société leur assigne un rôle plus conforme à leur éducation et non moins important. Il est rare qu'elles demandent à en sortir ; et si vous admettiez les femmes à pétitionner, il est probable que ce ne seraient pas les plus distinguées qui se mettraient en rapport avec vous. C'est ici une question de décence publique et parlementaire. »

d'émancipation de 800.000 esclaves ». M. Crémieux vint parler dans le même sens et le projet de loi n'aboutit pas plus contre les mineurs que contre les femmes.

Depuis lors la question n'a plus été discutée devant nos assemblées qui examinent des pétitions, signées de femmes et de mineurs, touchant à des matières d'un ordre politique. Et c'est à juste raison. Nous repoussons énergiquement toute restriction dans ce sens. Il est assurément certain que le droit de pétition peut, dans certains cas, être envisagé comme une sorte d'initiative en matière législative; malgré cela, nous sommes d'avis qu'il ne faut pas en écarter les femmes et les mineurs. C'est l'unique ressource des Français privés des droits politiques qui ne peuvent trouver, dans la pratique électorale, une occasion pacifique de dire ce qu'ils pensent, ce qu'ils éprouvent, ce qu'ils redoutent, ce qu'ils espèrent enfin de la marche du gouvernement et de la direction imprimée aux affaires publiques. Sans cela, au milieu des évènements qui se déroulent autour d'eux, ils devraient donc se taire, sans pouvoir crier ce qu'ils sentent, étrangers et indifférents à tout ce qui se passe à leurs côtés ! Non, ils ne sont pas désintéressés des affaires du pays et, au même titre que les citoyens français, ils doivent subir leur part des fautes politiques ou des erreurs commises par le gouvernement.

Enfin la femme et le mineur ne peuvent-ils pas être commerçants ? Et alors n'auront-ils pas le droit de

protester contre une guerre de tarifs qui les ruine ?
N'auront-ils pas la liberté d'élever la voix pour demander la protection de la loi contre les importations
étrangères qui les menacent dans leur commerce ?
Contribuables, payant comme tous des impôts, augmen-
tant par leur travail la richesse nationale, leur refusera-t-on le droit de s'élever contre telle ou telle loi
de finances, de demander la réorganisation d'un service public ou la protection de l'Etat dans leur travail ? Ce serait une injustice. Bluntschli ne partage
pas cette manière de voir ; il considère que ce droit
ne peut être exercé que par une personne majeure ou
du moins capable d'avoir personnellement une opinion
sérieuse (1).

Mais il n'y a pas que les femmes et les mineurs qui
ne jouissent pas des droits politiques ; il y a aussi les
individus atteints de condamnations. Pour ceux-ci,
nous réclamons encore le droit de pétition. Pour les
personnes frappées de bannissement, il y a un précédent. Le 24 juin 1870, les princes de la famille d'Orléans, qui étaient alors sous le coup d'une loi de bannissement, adressèrent une pétition au Corps Législatif,
à l'effet d'être autorisés à rentrer sur le territoire français. Le Président transmit cette demande à la commission chargée de faire l'examen des pétitions. M.
Dréolle en fut le rapporteur et, le 2 juillet 1870, elle fut

1. V. Bluntschli. *Le droit public général.*

discutée devant l'Assemblée. Personne ne fit d'objections et n'éleva la voix pour contester aux princes exilés le droit d'adresser une demande au Corps Législatif.

Si, de ces bannis politiques, nous passons à la catégorie beaucoup moins intéressante des condamnés à l'emprisonnement, aux travaux forcés, à la réclusion, nous trouvons, dans l'histoire de nos Assemblées, de nombreux précédents, qui viennent à l'appui de notre thèse (1) : il n'est pas nécessaire d'avoir la jouissance de ses droits politiques pour pouvoir pétitionner. Toutes ces pétitions envoyées par des condamnés ont été rapportées, sans que leur origine motivât une fin de non-recevoir. Rossi allait même plus loin et réclamait la liberté de pétition même pour les individus morts civilement (2).

Ainsi donc, le droit de pétition appartient à tout Français, quelle que soit sa condition, quelle que soit sa situation : c'est un droit public et nous considérons qu'il doit être accordé à tous sans exception. Aucun individu n'est désintéressé des affaires de son pays ; les lois laissent bien des intérêts en souffrance ; ces intérêts peuvent être ceux des femmes, des enfants et même des personnes privées de leurs droits politiques. Il faut qu'ils puissent être défendus. Toutes ces classes de citoyens n'ont aucun autre moyen d'élever

1. V. Séances du Sénat du 7 mai 1858, 7 juillet 1865 et 11 février 1870.

2. V. à ce sujet, Rossi, *op. cit.* p. 162 et suivantes.

la voix : la privation du suffrage politique les empêche de faire connaître leurs vœux et leurs aspirations. Il est donc de toute nécessité de leur accorder la faculté de faire connaître aux autorités et aux Chambres, non seulement leurs réclamations et leurs plaintes, mais aussi ces vœux et ces désirs. En leur refusant ce droit, on porte atteinte aux intérêts les plus sacrés d'une classe de Français et l'on commettrait une grave injustice. Le droit de pétition est le droit politique de ceux qui ne réunissent pas les conditions nécessaires pour en exercer d'autres ; il est de plus un droit public servant à exprimer régulièrement les plaintes contre l'oppression.

Voilà pour les nationaux. Le droit de pétition leur est reconnu actuellement à tous, et même le droit, envisagé sous son caractère politique, leur est généralement accordé. Mais on a été plus loin et on s'est demandé s'il fallait accorder cette liberté aux étrangers. Bien des individus de nationalités les plus diverses se sont fixés sur notre sol, y ont fondé des industries, des établissements de commerce, de crédit. Avec les moyens de communications sans cesse grandissants, le nombre d'étrangers habitant notre territoire ne fera que s'accroître.

Ces étrangers ont des intérêts, eux aussi ; des intérêts matériels, artistiques, scientifiques, financiers. Leur refusera-t-on la faculté de réclamer des autorités compétentes le redressement des torts et des domma-

ges qui leur ont été causés ? On n'y a jamais songé
sérieusement. Les étrangers, qui habitent notre pays,
sont soumis aux lois de police et de sûreté, les immeu-
bles qu'ils possèdent chez nous sont régis par la loi
française, dans certains cas enfin, les tribunaux français sont compétents pour les juger. A tous ces étrangers qui sont fixés sur notre sol, leur refusera-t-on le
droit de défendre leurs intérêts, de déclamer la réparation qui peut leur être dûe ? Un étranger qui réside
en France, qui y a des intérêts, a le droit de réclamer
l'exécution des lois françaises, si elles ne sont pas
observées à son égard ; si cet étranger a le droit de
demander justice devant nos tribunaux, pourquoi alors
lui refuserait-on la liberté de le faire devant nos
Assemblées ?

Pour l'étranger résidant en dehors de nos fontières,
les cas seront plus rares où il aura à se plaindre ; et
cependant il peut être propriétaire dans notre pays ;
s'il est l'objet de quelque vexation, pourquoi l'empêcher d'adresser à l'autorité ses justes réclamations ?

De nombreuses pétitions, émanant d'étrangers, ont
été de tous temps, et sans contestations, l'objet de
rapports et de votes, et leur provenance n'a donné lieu
à aucune fin de non-recevoir. Si l'on jette les yeux
sur les discussions des Chambres vers 1830, on voit
qu'un grand nombre de demandes, formées dans leur
intérêt personnel par des réfugiés polonais, espagnols,

italiens, ont été discutées, sans que leur origine les fît préalablement écarter. D'autres pétitions, émanant d'étrangers même résidant à l'étranger, ont été rapportées. Le 16 mars 1847, le sieur Jean Chenguelidzeff, sujet russe et habitant Moscou, demande à ce que le gouvernement fasse l'essai d'un système de syphons constituant le mouvement perpétuel. La Chambre passe à l'ordre du jour : le syphon du moscovite était depuis longtemps employé en France (1). Mais il n'y eut pas un membre de l'assemblée pour proposer le rejet de la pétition sous prétexte qu'elle émanait d'un étranger ne résidant pas sur le territoire français.

Le 8 avril 1848, est examinée la pétition, émanant du comité des démocrates belges qui demandaient l'appui du gouvernement français contre leur propre gouvernement. Cette demande fut repoussée, mais fut quand même l'objet d'un rapport (2).

Le 11 juillet de cette même année, on fit un rapport sur une pétition du docteur Coremans, demeurant à Ixelles (Belgique) qui demandait l'institution de certaines fêtes patriotiques (3). Il y en eut encore bien d'autres (4). Depuis cette époque et tous les ans, nombre

1. *Moniteur universel.* Année, 1847, p. 520.

2. *Moniteur universel.* Année 1848, p. 1897.

3. *Moniteur universel.* Même année, p. 1619.

4. V. Aussi pétition des sieurs Van den Cruyssen de Gand. (23 avril 1852) et Busch, demeurant à Florenville (Belgique) le 21 juin 1861.

de demandes, signées d'étrangers, sont déposées devant les Chambres et sont rapportées.

Il y eut cependant quelques difficultés à ce sujet, mais elles ont toujours été résolues dans un sens favorable aux étrangers. Les débats parlementaires en font foi. Une pétition, émanant de 29 réfugiés polonais, réclamait l'intervention du gouvernement français dans les affaires de la Pologne. Elle fut réservée, car on contesta aux étrangers le droit d'adresser semblable demande au Sénat. M. de Royer fut chargé de rédiger un rapport qui fut lu dans la séance du 28 avril 1863. « Il résulte des précédents, disait-il, que la qua_lité d'étranger, même résidant en dehors de nos frontières, ne saurait constituer à elle seule une de ces fins de non recevoir qui interdisent tout examen, et, qu'au contraire, le sort de la pétition dépend des circonstances dans lesquelles elle se produit, de l'objet sur lequel elle porte, de l'intérêt au nom duquel elle réclame... Si un étranger, sans lien avec notre pays, vous entretient de vaines théories, vous demande la réforme des lois qui ne l'obligent pas, ou cherche témérairement à provoquer dans cette enceinte des discussions inopportunes, un rapport sobre et ferme lui rappellera qu'il est sans droit et sans intérêt pour intervenir dans la législation et dans la politique. Si, au contraire, un étranger, résidant ou non en France, vous soumet une demande utile ou pratique, s'adresse à vous au nom d'un intérêt sérieux et justifié, invoque l'appui des lois françaises et du droit international, vous accueillerez sa réclamation et vous délibérerez, dans la mesure où il conviendra à votre sagesse de le faire, sur la suite qu'elle est susceptible de recevoir. »

L'opinion de M. de Royer prévalut, bien qu'elle fût vivement combattue par plusieurs membres de l'Assemblée. Il faut bien dire que l'impression qui ressort des discours, qui eurent lieu dans cette séance, est très confuse. Sans doute tous les orateurs reconnaissaient aux étrangers le droit de pétition en France pour les questions relatives à leurs intérêts pécuniaires ou matériels ; mais plusieurs d'entre eux leur refusaient ce droit en matière politique. Quoiqu'il en soit, le Sénat vota l'ordre du jour sur la demande adressée par les réfugiés polonais.

La question reparut au début du régime actuel, en 1871. M. le Marquis de la Rochejacquelin présentait, au nom de la première commission des pétitions, un rapport sur une requête par laquelle MM. Armand Goegg et John Rollanday, vice-président et secrétaire du comité central de la Ligue internationale de la paix, à Genève, demandaient à l'Assemblée Nationale de consolider le régime républicain.

M. de la Rochejacquelin n'avait pas terminé la lecture de son rapport qu'il fut interrompu par M. de Maleville ; celui-ci soutint que les étrangers ne devaient pas jouir du droit de pétition sur notre territoire. M. Baze établit alors très nettement la distinc-

tion, que nous avons déjà faite, entre les pétitions touchant à des intérêts privés et celles relatives aux
affaires publiques : « Les étrangers, disait-il, jouissent
en France, quand ils sont autorisés à y établir leur
domicile, de certains droits civils, et, à certaines conditions ; ils jouissent également, en France, de tous les
droits naturels qui s'attachent à la qualité d'hommes.
Pour ce qui concerne la jouissance de ces droits, ils
ont la faculté d'adresser des pétitions à l'Assemblée ;
ces pétitions ont toujours été accueillies, dans le
passé, avec intérêt et résolues avec justice. Mais
un étranger, qui présente une pétition sur l'organisation politique de la France, commet immédiatement
une usurpation, parce qu'il ne jouit pas des droits
politiques en France. Présenter même une simple pétition sur l'organisation politique d'un pays, c'est s'im-
miscer dans l'organisation de ce pays. Voilà la distinction à faire. » M. Baze conclut en proposant d'écarter la pétition par la question préalable, mais MM. Brisson et Floquet firent remarquer que cette question
était très délicate et qu'il ne fallait pas se prononcer
sur ce sujet sans avoir mûrement réfléchi. M. Baze
n'insista pas et l'assemblée passa à l'ordre du jour.
La question n'est donc pas résolue et la difficulté vient
de ce qu'il n'y a aucun texte précis : on ne peut donc
sur ce point que formuler une opinion.

Il nous semble que la distinction faite par M. Baze
doit être admise. Tant que la requête a pour objet des

intérêts privés, elle doit être examinée par l'autorité à laquelle elle est adressée. Un pays, comme le nôtre, qui a toujours été la patrie de la justice et du droit, se doit à lui-même d'écouter les plaintes de ceux qui, même étrangers, n'habitent pas le territoire français. Mais nous savons que les pétitions ont pris une importance beaucoup plus grande et qu'elles dépassent souvent la sphère des intérêts privés, pour s'occuper de questions politiques. Que tous les habitants d'un Etat, quels qu'ils soient, puissent participer dans une certaine mesure à la vie politique de leur patrie, rien n'est plus légitime.

Mais va-t-on permettre à des étrangers de présenter, aux bureaux de nos assemblées délibérantes par exemple, des vœux, des propositions concernant les grands intérêts généraux du pays ? Ce droit nous semblerait excessif.

Lorsque nous demandions tout-à-l'heure pour les étrangers la faculté d'adresser des pétitions, ayant trait à leurs affaires privées, nous voyions là quelque chose de légitime, et cependant c'est une pure faveur qui leur serait accordée. Rien dans la Constitution, rien dans nos lois ne donne ce droit aux étrangers et un gouvernement pourrait parfaitement leur refuser cette faculté, sans pour cela se mettre en contradiction avec les lois, sans pour cela violer la Constitution. Tout au plus, les précédents historiques nous montrent-ils qu'on a toujours accueilli dans nos Parlements,

avec une certaine bienveillance, les pétitions émanées
d'étrangers, mais il n'y a là qu'une simple tolérance,
une faveur. Cette tolérance, il est vrai, nous la trouvons très légitime et même nécessaire : nous aussi,
nous avons des compatriotes établis au-delà de nos
frontières ; en nous montrant chez nous trop sévères
vis-à-vis des étrangers, en leur refusant toutes libertés
essentielles, ne verrons-nous pas nos nationaux être
victimes de vexations de la part des gouvernements
voisins, qui useront d'une loi très fréquente en droit international : celle de la réciprocité ? Tout nous engage
donc à entendre les plaintes des étrangers, mais seulement les plaintes.

Quand les étrangers adresseront chez nous une pétition touchant aux intérêts généraux du pays, ils ver-
ront leur requête écartée par une fin de non-recevoir.
En vertu de quel droit leur permettrait-on de proposer
à nos législateurs des mesures d'intérêt général, ou
de leur demander l'abrogation d'une loi existante ? Ce
serait abusif.

Parfois, il est vrai, la distinction sera assez difficile
à faire entre les pétitions à tendance politique et les
autres (1). Mais la commission sera juge de fait et il

1. M. Hubert-Delisle, dans la séance du 1ᵉʳ mai 1863, le faisait
déjà remarquer : « Comment distinguer, disait-il, quand, à travers
des questions littéraires ou scientifiques, vous croirez voir un côté
politique ? Ce sera difficile ».

convient de lui laisser à cet égard toute liberté d'appréciation. Mieux vaut encore que quelques pétitions, dont les intentions sont douteuses, soient écartées que de voir, comme sous l'Empire, les bureaux des chambres encombrés de pétitions politiques signées, non pas même d'étrangers domiciliés chez nous, mais de gens, qui, habitant au loin, réclamaient l'intervention de notre gouvernement dans des affaires dont il ne pouvait se mêler. Et les commissions, chargées de l'examen des pétitions, passaient leur temps à rapporter de semblables requêtes, alors qu'elles n'avaient même pas les loisirs nécessaires pour étudier celles émanant de citoyens français !

Nous venons d'étudier à qui appartient la jouissance de droit de pétition dans les pays anglo-saxons et en France ; nous avons vu que, dans ces Etats, les idées les plus libérales sont admises. En passant en revue les autres Etats modernes, nous rechercherons si les mêmes principes y sont appliqués.

Législation étrangère. — La plupart des Constitutions actuelles accordent aux citoyens la jouissance du droit de pétition.

L'article 21 de la Constitution belge dit : « Chacun a le droit d'adresser aux autorités publiques des pétitions signées par une ou plusieurs personnes ». Cet article est contenu dans le titre II de la Constitution du 7 février 1831 intitulé : *des Belges et de leurs droits.* C'est dans ce chapitre que les libertés assurées à tous les citoyens sont proclamées. Après avoir déclaré tous les Belges égaux devant la loi, la Constitution leur reconnaît la liberté individuelle avec tous ses corollaires : inviolabilité du domicile, de la propriété, liberté des cultes, des opinions, de la presse, de réunion, de pétition, etc.

Le droit de pétition est une de ces garanties que l'on peut regarder comme traditionnelles en Belgique. Aux Pays-Bas catholiques, comme au Pays de Liège, tous les citoyens avaient le droit d'adresser des pétitions écrites au souverain, au gouvernement, aux conseils de justice et aux autorités locales (1). C'est ce que le président Hovines atteste dans les termes suivants : « Tous Conseils, corps et sièges de justice, comme aussi tous officiers et autres en particulier peuvent écrire et représenter par forme d'avis, advertance ou autrement, ce que bon leur semble au Lieutenant Général de Sa Majesté » (2). Mais c'était moins un droit qu'une tolérance accordée par le souverain.

Lorsque, après la défaite de Dumouriez, François II fut redevenu, pour quelques mois, le souverain des Belges, il déclara, en termes formels, par une dépêche du 18 mars 1793, que le droit de pétition et de remontrance appartenait au peuple. Le même système avait

1. Voyez les préambules de toutes les joyeuses entrées du Brabant. Tome 1er, p. 128, 140, 179.

2. V. Hovines. *Mémoires sur la forme politique du gouvernement des Pays-Bas.* Bibl. royale de Belgique, p. 62.

prévalu dans la législation française de 1791 et fut imposé aux Belges par la conquête française. On doit cependant faire remarquer que les conquérants ne sont guère gênés pour fouler aux pieds toutes ces libertés qu'ils avaient solennellement proclamées ; mais ces principes étaient posés et devaient porter leurs fruits au Congrès National de 1831.

Comment, en effet, ce Congrès n'aurait-il pas reconnu le droit de pétition, alors qu'il délibérait au lendemain même d'une Révolution, à laquelle des milliers de pétitionnaires avaient très largement contribué ? Cette liberté fut donc accordée à tous les Belges et l'on ne conteste pas aux femmes et aux enfants le droit de signer une pétition.

On s'est même demandé si cette faculté ne devait pas être étendue aux étrangers. Il ne nous paraît pas que le contraire résulte des délibérations du Congrès, car cette assemblée a considéré les libertés qu'elle a sanctionnées, non pas comme des droits attribués aux Belges à raison de leur qualité de citoyens, mais comme des droits appartenant à tout homme, et dont les Belges seraient appelés à jouir en raison même de leur qualité d'hommes (1).

1. Nous lisons à ce sujet dans les *Pandectes Belges* : « Les articles de la Constitution qui concernent les droits des Belges ont pour objet de garantir la liberté des personnes et des propriétés. Or l'article 128 de la Constitution a eu soin de proclamer que tout étranger, qui se trouve sur le territoire de la Belgique, jouit

Aussi doit-on appliquer aux étrangers l'article 21 de la Constitution et leur reconnaître la liberté d'adresser des pétitions aux autorités publiques. Cependant cette opinion n'est pas partagée par tous et certains auteurs leur contestent ce droit (1).

Quoiqu'il en soit, en fait, les étrangers ont toujours joui en Belgique du droit de pétition, mais il y aura toujours cette différence entre eux et les Belges, c'est que, d'après l'article 128 de la Constitution, la loi peut priver les premiers de certains droits, alors qu'elle ne peut dépouiller les autres des libertés garanties par la Constitution. Cette restriction est fort légitime et a toujours été admise.

La Constitution fédérale suisse du 24 mai 1874, dans son article 57, garantit le droit de pétition, et cet article se trouve reproduit dans la plupart des constitutions cantonales (2). Le pacte fédéral, qui fut conclu

de la protection accordée aux personnes et aux biens, sauf les exceptions établies par la loi. Les étrangers sont donc en droit d'invoquer cet article ; la Constitution protège leurs personnes en proclamant la liberté individuelle ; cette liberté individuelle permet à chacun de vivre comme il l'entend et n'a d'autres limites que le respect de la liberté des autres. Elle a pour corollaire la liberté des cultes, des opinions et celle de les manifester par la parole, par la presse, etc... Les étrangers peuvent donc les invoquer en vertu de l'article 128. (V. *Pand. Belges* au mot *Étrangers* (Droits des) n°s 206 à 223.

1. V. Faider. *Discours de rentrée* du 15 octobre 1876, p. 17.
2. V. Constitution de Berne du 31 juillet 1846, art. 77. Schwytz :

entre les 22 cantons de la Suisse le 7 août 1815, était muet sur le droit de pétition ; mais déjà, à cette époque, il était admis, dans les différents cantons, que chacun avait le droit d'adresser des plaintes ou des projets de loi aux autorités constituées. Cela allait de soi pour les cantons à landsgemeinde, où le peuple est législateur et où l'initiative appartient généralement à un seul citoyen. Pour les autres cantons, la liberté de pétitionner était déjà garantie expressément.

Le droit de pétition est reconnu à tout habitant de la Suisse, à quelque sexe qu'il appartienne, et quel que soit son âge. Dans la plupart des cantons, les requêtes, même émanant d'étrangers, ont toujours été examinées et discutées avec la plus grande attention (1).

Ainsi que nous l'avons dit au début de cette étude, le droit de pétition a pris en Suisse un développement énorme et une forme toute nouvelle. Qu'est-ce que la modeste pétition, signée de quelques individus, auprès de cette initiative populaire qui s'impose au gouvernement et aux Chambres élues ? Sans doute, le droit de pétition ne disparaîtra jamais complètement. L'initia-

Const. du 11 octobre 1833, art. 12. Saint-Gall : Const. du 1er mars 1831, art. 11. Valais. Const. du 3 août 1839, art. 8. Genève : Const. du 24 mai 1847, art. 12. Lucerne : Const. de 1841, art. 8. Appenzell . Const. du 15 octobre 1876, art. 9, etc., etc. V. Dareste : *Constitutions modernes.*

1. V, Dubs. *Das Œffentliche Recht der Schweizerichen Erdgenossenschaft.* Zurich, 1877. Tome I, p. 160.

tive populaire est l'apanage du citoyen seulement. Le droit de pétition, au contraire, restera accessible à cette grande masse de la nation qui ne jouit pas des droits politiques ; il subsistera aussi pour ceux qui auront des plaintes à adresser et qui demanderont le redressement de leurs griefs privés. Mais néanmoins, cette liberté aura une importance beaucoup moins considérable. Elle est le fruit des régimes démocratiques : elle en suit par conséquent les progrès. Elle est une conquête précieuse au sortir des régimes aristocratiques : aujourd'hui elle est dépassée.

En Hollande, le droit de pétition est reconnu, en termes formels, à chacun en vertu de l'article 8 de la Constitution du 11 octobre 1848, revisée et promulguée le 30 novembre 1897 : « Chacun, dit cet article, a le droit d'adresser des pétitions aux autorités compétentes. »

Cette liberté était déjà consacrée par la loi fondamentale des Pays-Bas, dans son article 161. Le roi Guillaume en avait réglé l'exercice, en instituant des *agents solliciteurs* qui jouissaient du privilège de présenter les pétitions adressées au Roi, aux ministres et aux chefs d'administration. Ces agents étaient de vrais avoués spéciaux admis à composer des mémoires pour les intéressés, à presser les solutions, à réclamer justice. L'institution des agents solliciteurs a été supprimée par l'arrêté royal du 13 novembre 1831 (1).

---

1. Faider. *Droit de pétition*, XXXIII.

Pour le Grand-Duché de Luxembourg, c'est la Constitution du 17 octobre 1868, dans son article 27, qui dit : « Chacun a le droit d'adresser aux autorités publiques des pétitions signées par une ou plusieurs personnes. »

En Espagne, la Constitution du 30 juin 1876, dans son article 13, reconnaît à tout Espagnol le droit d'adresser des pétitions au Roi, aux Cortès et aux autorités. Il faut remarquer la différence de rédaction qui existe entre ce texte et les précédents. Il semble que l'on ne considère pas le droit de pétition comme un droit naturel, mais au contraire comme une liberté réservée aux seuls Espagnols.

La même remarque doit être faite en ce qui concerne le Portugal, où l'article 28 de la Charte constitutionnelle de 1826 dispose que « tout citoyen peut présenter, par écrit, aux pouvoirs législatif et exécutif des réclamations, plaintes ou pétitions et aussi de leur dénoncer quelque infraction à la Constitution, en demandant devant l'autorité compétente que les auteurs de ces infractions soient rendus personnellement responsables ».

La constitution italienne va plus loin. Elle reconnaît bien, il est vrai, le droit de pétition, mais le limite d'une manière précise. En consultant l'article 57 du statut du 4 mars 1848, on voit que cette liberté n'est accordée qu'aux personnes majeures : « Toute personne majeure a le droit d'adresser des pétitions aux

Chambres... » Sans doute, cet article ne vise que les
pétitions aux Chambres et il sera permis à tout Italien
de se plaindre aux autres autorités : mais, dans ce
pays, les questions, que nous avons soulevées pour la
France et l'Angleterre, ne peuvent se poser. La pétition
à tendance politique ne sera donc examinée et discutée que si elle émane de personnes majeures. Le texte
est formel et l'on écartera toute requête signée de
femmes, de mineurs, ou d'individus privés de leurs
droits politiques.

Cantrairement à ces législations, la loi constitutionnelle du 21 décembre 1867, sur les droits généraux des
citoyens pour les royaumes et pays représentés au
Reischtag autrichien, dans son article 11, reconnaît à
tous le droit de pétition.

Enfin les constitutions roumaine, serbe, bulgare et
grecque accordent à chacun la faculté de pétitionner
devant les autorités publiques du pays (1).

1. Constitution roumaine du 30 juin 1866 modifiée en 1879 et
en 1884, art. 28 : « Chacun a le droit de s'adresser aux autorités
publiques par voie de pétition. — Constitution serbe du 22 décembre
1888, art. 23 : « Chacun a le droit de s'adresser en son nom propre aux autorités publiques par des pétitions.. » et art. 123 :
« Chacun a le droit d'adresser à la Skoupchtina, par l'intermédiaire de son Président, des pétitions et des plaintes. » — Constitution bulgare du 16 avril 1879. — Constitution grecque du 16-28 novembre 1864 art. 9. « Des pétitions écrites peuvent être adressées aux autorités... »

Même en dehors des Etats européens, ces idées de liberté se sont propagées et nous voyons, dans quelques constitutions d'Asie et d'Amérique, le droit de pétition accordé aux citoyens. Citons, à titre d'exemple, la Constitution mexicaine du 12 juin 1857 qui déclare inviolable le droit de pétition, exercé par écrit et d'une manière pacifique et respectueuse. Mais ici, le double caractère de ce droit a été remarqué par le législateur, car, après avoir déclaré inviolable cette liberté de se plaindre, l'article ajoute : « mais il ne pourra être exercé en matière politique que par les seuls citoyens de la République ». Enfin les constitutions du Brésil du 24 février 1891, dans son article 9, et du Japon (11 février 1889), dans son article 30, accordent le droit de pétition à tous les sujets.

Nous en avons fini avec les constitutions qui reconnaissent d'une manière formelle le droit de pétition, et nous allons passer rapidement en revue les Etats qui ne placent pas cette liberté sous la sauvegarde de la constitution.

La Constitution allemande du 16 avril 1871 est muette sur le droit de pétition ; un seul droit est garanti : c'est l'indigénat commun. Les libertés, comme celles de conscience, de domicile, sont consacrées par des lois ordinaires. La constitution allemande laisse aux différents Etats le soin de déterminer les libertés qu'ils entendent donner à leurs sujets et nous croyons pouvoir affirmer que tous les petits pays, que comprend l'Allemagne moderne, reconnaissent le droit qui nous occupe, soit dans un statut, soit dans une constitution, soit enfin dans une loi organique. En passant en revue les principaux royaumes nous nous en convaincrons.

La constitution prusienne du 31 janvier 1850, dans son article 32, reconnaît ce droit à tout prussien et la constitution wurtembergeoise du 20 septembre 1819, article 36, dit : « Chacun a le droit, dans le cas d'agissements administratifs contraires à la loi et aux règlements, ou de retard dans une décision, d'adresser une plainte écrite à l'autorité supérieure ». Ici le domaine, dans lequel peut s'exercer la liberté du pétitionnaire, est très limité. Les constitutions bavaroise et saxonne vont plus loin. Elles placent le droit de pétition sous la garantie de la Constitution et reconnaissent à chaque particulier le droit d'adresser des pétitions et des plaintes, sur une prétendue violation d'un article constitutionnel. Dans ces deux royaumes, le droit de pétition est non seulement placé sous la garantie de la Constitution, mais c'est lui qui sert de garantie à toutes les autres libertés.

Enfin, et pour terminer l'étude des législations étrangères sur cette question, nous remarquerons que la Constitution danoise, du 5 juin 1849, revisée et promulguée le 28 juillet 1866, la constitution norvégienne du 4 novembre 1813 et celle de la Suède du 6 juin 1809 sont absolument muettes sur le droit de pétition. Il n'en faudrait pas conclure pour cela que cette liberté n'existe pas. Au contraire, les différents règlements des Chambres établissent les règles suivant lesquelles les requêtes seront examinées (1).

Tels sont les principaux Etats modernes où le droit de pétition est reconnu implicitement ou explicitement Ailleurs, nous sommes en présence de monarchies absolues et nous n'y rencontrons pas cette liberté de pétitionner telle que nous la comprenons. Sans doute, la plainte est toujours admise, parce que ce droit a toujours existé, même sous les gouvernements les plus despotiques; mais, comme, dans ces pays, il n'existe pas d'assemblée émanant de la nation et se trouvant en communion d'idées avec elle, il n'y a pas place pour le droit de pétition sous sa forme politique. En Russie, par exemple, où le principe fondamental du gouvernement a toujours été l'autocratie pure (2), nous ne trouvons pas trace de ces libertés qui sont à la base du droit public des États modernes.

Nous venons de rechercher si les différentes législations accordent la jouissance du droit de pétition à leurs sujets : mais nous n'avons eu en vue que les

1. V. Dareste, *op. cit.* et Demombynes. *Les Constitutions européennes.* 5ᵉ Edition.

2. L'article 9 de l'Instruction adressée par Catherine II le 11 mars 1768 à la commission de codification disait : « l'Empereur est autocrate » et l'article premier des lois fondamentales de l'Empire répète le même axiome politique : « l'Empereur est souverain autocrate et absolu ».

individus. A côté des individus, agissant dans un intérêt privé ou même parfois dans un intérêt général, il y a les collectivités, les groupements, que ce soient des autorités constituées comme les conseils municipaux, les conseils généraux, ou que ce soient des associations, des corporations. Ce sont ces groupements qu'il nous faut examiner.

Avant d'aborder cette étude, on doit se garder d'une confusion, qui a été faite très fréquemment. Il ne faut pas confondre, avec le droit d'envoyer des pétitions collectives, c'est-à-dire, signées par plusieurs personnes, celui d'adresser des requêtes en nom collectif. Les pétitions collectives ne sont généralement pas interdites et l'on ne peut guère constester à plusieurs individus le droit de se réunir et de signer sur une même feuille une pétition, à l'adresse des autorités compétentes pour la recevoir. Toute autre est la pétition en nom collectif : c'est celle qui est présentée au nom de plusieurs individus, formant un corps délibérant, comme étant l'expression de la volonté de ce corps « *ut universitas* ». Elle suppose une délibération prise par un groupement, une majorité qui, ayant lié la minorité, adresse la requête au nom de tous. Ainsi, tous les membres d'un conseil général, pris individuellement, auraient le droit de signer une pétition : mais si, cette même pétition était votée par les mêmes personnes, au nom du conseil général tout entier, ce serait une pétition en nom collectif. La question étant ainsi posée, il faut nous demander si les groupements ont la jouissance du droit de pétition, si, dans notre législation, les pétitions en nom collectif sont autorisées.

Le Chapelier, dans la séance du 9 mai 1791, disait : « Le droit de pétition, tout citoyen doit l'exercer par lui-même, d'après ces principes que les citoyens ne peuvent déléguer que les droits qu'ils ne peuvent pas exercer. De là, il résulte que nul corps, nulle société, nulle commune ne peut exercer le droit de pétition sous un nom collectif, que la pétition ne peut être faite qu'au nom de ceux qui l'ont signée ». Cette théorie de Le Chapelier fut admise sous la Révolution et c'est, en se basant sur cette idée, que le caractère essentiel du droit de pétitionner est d'être individuel, que les lois de l'époque révolutionnaire ont écarté les pétitions en nom collectif.

La loi du 22 mai 1791, dans son article premier dispose : « le droit de pétition... ne pourra être exercé en nom collectif par les corps électoraux, judiciaires, administratifs, ni municipaux, par les sections de communes, ni les sociétés de citoyens ». Plus tard, la loi du 25 vendémiaire de l'an III interdit, dans son article 2, toute adresse faite en nom collectif et la Constitution du 5 fructidor de l'an III reproduit cette prohibition dans son article 364 ; elle y apporte cependant une certaine restriction. L'interdiction reste entière pour les associations, mais pour les corps constitués, on fait une distinction entre les pétitions portant sur des objets

rentrant dans leurs attributions et celles touchant à des
points de politique générale, placés en dehors de leurs
attributions : la Constitution se montre plus sévère pour
les unes que pour les autres, elle proscrit les secondes
et autorise les premières (1).

La Constitution du 22 frimaire an VIII, dans un article 83, interdit toute pétition faite en nom collectif.
Mais les chartes de 1814 et de 1830 ne reproduisent pas
l'interdiction insérée dans les Constitutions antérieures
et de là on avait déduit que cette prohibition n'existait plus, que les corps constitués, comme les tribunaux, les conseils de département, pouvaient présenter
des adresses aux Chambres.

Aussi, le 23 février 1835, la Chambre des Députés
admet-elle une pétition des membres du tribunal civil
d'Argentan, relative à l'organisation judiciaire. Cette
thèse fut très vivement combattue et certains auteurs
se refusaient à l'admettre, prétendant au contraire
que les prohibitions des lois de la Révolution restaient
toujours en vigueur, tant qu'elles n'auraient pas été
abrogées par un texte formel (2). D'ailleurs cette idée

1. Art. 364 de la Constitution du 5 fructidor an III : « Les pétitions doivent être individuelles ; nulle association ne peut en présenter de collectives, si ce n'est les autorités constituées et seulement pour les objets propres à leurs attributions ».

2. V. M. de Serrigny. *Traité du droit public des Français.*
Tome II. p. 515 et suivantes.

finit par l'emporter et, depuis un demi-siècle, en France, les pétitions en nom collectif sont interdites.

Cela résulte de deux précédents. Dans la séance de l'Assemblée Législative du 21 mai 1851, M. Noël Parfait demande la radiation du procès-verbal de deux pétitions émanant de conseils municipaux ; il s'exprimait en ces termes : « Ces deux délibérations sont illégales... Les conseils municipaux, aux termes de la loi de 1837, peuvent exprimer leurs vœux sur tous les objets d'intérêt local ; mais ils ne peuvent faire ni publier aucune protestation, proclamation ou adresse... Elles sont radicalement nulles. Les avoir envoyées à l'Assemblée, c'est avoir manqué de respect à notre Assemblée qui ne peut, en aucun cas, se rendre complice, ne fût-ce que par son silence, de la violation de la loi... Je demande que l'énonciation de ces deux pétitions, dont j'ai parlé, soit rayée du procès-verbal ». M. le Président Dupin répondit que l'ordre de faire procéder à l'annulation desdites délibérations avait déjà été envoyé aux préfets (1).

Autre précédent plus récent : en 1871, la deuxième commission des pétitions fut saisie d'une adresse, émanant du Conseil municipal du Puy, et réclamant le vote par circonscription électorale. Dans la séance du 13 mai de cette année, M. Delorme, rapporteur, fait connaître qu'une question préjudicielle s'est élevée sur

1. V. M. Pierre. *Traité de droit politique, électoral et parlementaire*. Paris, 1893, p. 581.

l'origine de cette pétition : celle de savoir si elle ne renfermait pas un vice constitutionnel qui en empêchait l'examen. Le rapporteur rappelle alors les différentes lois qui définissent l'organisation et les attributions des conseils municipaux. Elles ne nous paraissent laisser aucun doute à cet égard. « Le Conseil municipal, dit l'article 24 de la loi de 1837, peut exprimer son vœu sur tous les objets d'intérêt local. Il ne peut faire ni publier aucune protestation, proclamation ou adresse ». L'article 28 de la loi du 21 mars 1831 sur l'organisation municipale disait déjà : « Toute délibération de Conseil municipal, portant sur des objets étrangers à ses attributions, est nulle de plein droit ». Ces dispositions ont été reproduites dans les lois de 1855 et dans l'article 72 de la loi du 5 avril 1884 (1).

En 1871, M. Delorme disait : « Il nous importe peu qu'il s'agisse de proclamation, d'adresse ou de pétition : dans tous les cas, il y a nullité : Le caractère du droit de pétition est d'être individuel. » Ces idées ont prévalu, non pas cependant sans discussions, car, dans cette même séance du 13 mai 1871, M. Brisson, répondant au rapporteur, faisait observer qu'on ne devait pas considérer le droit de pétition comme un droit indi-

1. Article 72 de la loi du 5 avril 1884 : « Il est interdit à tout conseiller municipal soit de publier des proclamations et adresses, soit d'émettre des vœux politiques, soit, dans tous les cas prévus par la loi, de se mettre en communication avec un ou plusieurs conseils municipaux ».

viduel : « Ce serait, disait-il, commettre une hérésie démocratique ». Cependant, l'Assemblée donna raison au rapporteur de la Commission ; mais, avant le vote, il fut reconnu que tous les conseillers municipaux avaient le droit d'envoyer des adresses, en faisant suivre leur signature de la qualification de « conseiller municipal », à la condition ne pas pétitionner comme représentant de la commune.

Il ressort également d'une circulaire du ministre de la justice du 3 juin 1862 que les corporations d'officiers ministériels et d'officiers publics ne peuvent, non plus que leur chambre de discipline, ni transmettre directement, au Conseil d'État et au Sénat, des mémoires contenant des observations, explications ou critiques délibérées en commun sur des lois en discussion, ni surtout solliciter l'adhésion des autres corporations de la même profession, pour donner à l'envoi de leurs mémoires le caractère d'une démarche collective.

Pourquoi le législateur français s'est-il refusé, presque de tous temps, à reconnaître la jouissance du droit de pétition aux autorités constituées et aux associations?

Il y a à cela une raison historique. Les corporations avaient été très puissantes dans l'ancienne France et l'individu se trouvait absorbé par elles. On voulait éviter le retour de ces abus et préserver la liberté des personnes. En accordant la jouissance du droit de pétition aux corps constitués et aux associations, on portait atteinte à la liberté des signatures. Cette liberté

ne restait plus entière et cela, par suite de cette faculté
d'absorption qui fait que les groupements usurpent
toujours sur chacun des membres qui les composent.

De plus, nous pensons que les lois de la Révolution
n'ont pas été abrogées dans leurs dispositions visant
les adresses présentées en nom collectif. Elles ont
toutes défendu ce mode de pétitionnement et aucune
loi postérieure n'est venue lever cette prohibition. Les
lois constitutionnelles de 1875 sont muettes sur le droit
de pétition, nous l'avons vu ; les règles, admises anté-
rieurement à elles, restent donc toujours en vigueur
sur ce point. De nos jours, aussi bien que sous l'empire des Chartes de 1814 et de 1830, le droit de pétition en nom collectif doit être interdit.

Nous en concluons que des groupements n'ayant pas
d'existence légale ne peuvent présenter d'adresses en
nom collectif après délibération et comme représentant le vœu de la majorité. Nous allons même plus loin
et nous disons que les corps constitués et les assemblées délibérantes, reconnus par la loi, ne peuvent pas
davantage pétitionner en nom collectif, sans sortir
des attributions qui leur ont été conférées. Il faudrait
qu'une loi formelle vînt leur accorder ce droit. Par
exemple, les juges d'un tribunal pourront parfaitement, en leur nom propre, envoyer une pétition aux
Chambres ; cette pétition pourra même être signée
de tous les membres qui composent le tribunal ; mais
le tribunal tout entier, en corps, ne pourra pas faire

une manifestation de cette nature. Les juges, en un mot, pourront parler en leur nom propre, pas en celui du tribunal (1).

Il en sera de même pour un conseil général, pour une association même reconnue par la loi. Les membres pourront agir *ut singuli*, mais toute pétition, adressée au nom du conseil général tout entier, au nom de l'association, serait illégale. Par application de ces principes, nous devons dire aussi que l'armée n'au_ rait pas le droit d'envoyer de ees sortes de requêtes. Chaque militaire a un droit individuel de pétition, sous réserve, bien entendu, de l'autorisation nécessaire en pareil cas.

Telle est la règle admise dans la législation française. En parcourant les législations étrangères, nous verrons que ces principes n'ont pas été partout suivis.

L'article 21 de la Constitution belge est ainsi conçu : « Les autorités constituées ont seules le droit d'adresser des pétitions en nom collectif. » Il y a donc là une grande différence de principe avec ce qui existe chez nous. Le projet de la Constitution portait les mots : corps constitués ; une discussion s'est engagée et l'on a remplacé corps constitués par autorités constituées. Cette substitution a son importance, car parmi ces au-

1. V. séance de la Chambre des députés du 28 février 1835 au *Moniteur* du 29.

2. V. loi du 6, 12 décembre 1870. Constitution de 1791, titre IV, art. 12. Constitution de l'an VIII, art. 84.

torités constituées, ne rentrent pas les associations et les clubs politiques. La Constitution n'accorde ce privilège qu'aux corps institués par la loi et qui exercent, par délégation, une partie de la puissance publique, comme les tribunaux, les conseils provinciaux, communaux. On doit même admettre que le droit de pétition appartient à toutes les communautés reconnues par la loi, comme les universités, les académies, les chambres de commerce, en un mot à tous les corps qui rentrent dans la qualification de corps constitués dont se sert l'article 446 du code pénal belge. Il leur est permis de pétitionner relativement à des objets autres que les intérêts généraux dont la garde leur a été confiée (1). D'ailleurs, la constitution belge n'a fait que se conformer aux précédents historiques, car François II, dans sa dépêche du 18 mars 1793, accordait déjà la liberté de pétitionner aux corps constitués.

La Constitution des Pays-Bas n'accorde ce droit qu'aux corporations légalement reconnues, et quand il se rapporte à des matières de la compétence de cette corporation (2).

La Constitution italienne, dans son article 38, accor-

---

1. V. Havard. *Elément de droit administratif belge*. Tome I p. 40.

2. Art. 8 de la Constitution des Pays-Bas : Les corps ou corporations ayant une existence légale peuvent adresser des pétitions aux autorités, mais seulement sur des objets rentrant dans la sphère de leur attribution. »

de, aux autorités constituées seulement, le droit de pétition et celle du Grand Duché du Luxembourg fait de même. Par autorités constituées, dit M. le Dr Cyschen, il faut entendre les fabriques des églises, les chambres de commerce etc (1). La constitution roumaine était tout aussi formelle à cet égard (2).

La Constitution espagnole reconnaît implicitement ce droit aux autorités constituées, car elle l'interdit à certaines de ces autorités. Ce sont des raisons historiques qui ont fait insérer dans les lois espagnoles la prohibition que nous trouvons à l'article 13 : « Le droit de pétition ne pourra être exercé collectivement par aucun corps de la force armée. Ceux qui font partie de la force armée ne pourront exercer individuellement le droit de pétition qu'en se conformant aux lois militaires spéciales.

D'autres Constitutions vont beaucoup plus loin et ne se contentent pas d'accorder cette liberté aux autorités constituées, mais la donnent même aux associations et aux corporations. La Constitution prussienne, dans un article 32, dispose que les pétitions en nom collectif ne peuvent être présentées que par les autorités et les corporations. En Autriche-Hongrie, on reconnaît for-

1. Collection Marquardsen. *Handbuch des œffentlichen Rechts.* Luxemburg.

2. Art. 23. Titre II de la Constitution roumaine : « Les autorités constituées ont seules le droit d'adresser des pétitions en nom collectif. »

formellement aux corporations et aux associations légales le droit de pétition. L'article 11 de la Constitution
dit à ce sujet : « Les pétitions en nom collectif ne peuvent émaner que des corporations ou des associations
ayant une existence légale ».Enfin la Constitution serbe
dispose que « les pétitions en nom collectif ne peuvent émaner que des autorités constituées ou des corporations ».

Dans d'autres Etats, si la Constitution ne garantit pas
explicitement la jouissance du droit de pétition aux
groupements, du moins pratiquement, elle leur est accordée.

En Suisse, la Constitution Fédérale garantit purement
et simplement le droit de pétition, sans autre explica-
tion. Mais les législations des différents cantons ont re-
médié à cette lacune, et la plupart d'entre elles accordent la liberté de pétitionner aux personnes morales légalement reconnues, comme les Constitutions de Zurich
(art. 6) de Berne (art. 16) de Lucerne (art. 8) de Schaf-
fhouse (art. 8) de Soleure (art. 6) de Thurgovie (art. 10)
de Schwytz (art. 12) de Saint-Gall (art. 11). Ces différents actes sont rédigés en des termes à peu près identiques. A notre connaissance, seule, la constitution de
Vaud, dans son article 8, s'exprime de manière à refuser aux groupements le droit de pétition : « Chacun, y
est-il dit, a le droit d'adresser aux autorités constituées
des pétitions signées par une ou plusieurs personnes
individuellement. » Toutes les autres constitutions se

contentent de consacrer cette liberté d'une manière générale et d'en renvoyer, soit explicitement, soit implicitement, l'application aux lois ordinaires (1).

En Angleterre, les associations ont toujours pu adresser des pétitions aux pouvoirs publics et, parfois, cette liberté a été exercée d'une façon si violente que le législateur a été forcé d'intervenir pour en réprimer les abus. Aux Etats-Unis, bien plus encore qu'en Angleterre, les associations peuvent faire parvenir des adresses aux pouvoirs de l'Etat. Dans ce pays, le droit d'association est reconnu et pratiqué d'une manière constante, les sociétés se réunissant pour arrêter des programmes, signer des pétitions et appeler l'attention du législateur sur un point inaperçu ou négligé (2). Dès que le programme est arrêté ou que la pétition est signée, les associés se séparent et se donnent rendez-vous pour délibérer ultérieurement, ou renouveler les démarches en cas d'insuccès. Jamais, dans cet Etat, on n'a songé à priver les associations de la liberté de pétitionner.

En résumé, dans la plus grande partie des Etats modernes, non seulement les corps constitués, mais même les associations jouissent du droit de pétition. Certains l'accordent aux autorités, mais le refusent aux

1. V. l'ouvrage de Cherbuliez sur la *Démocratie en Suisse*.

2. V. de Tocqueville. *De la Démocratie en Amérique*, Tome II, p. 31. 16ᵉ Edition.

associations. Pourquoi cette différence ? Plus encore
que dans les corps constitués, dans les associations
l'individu est perdu au milieu de la collectivité; il doit
subir la volonté de la majorité et la loi n'a pas voulu
compromettre à ce point la liberté des signatures. On
imposera à chaque personne faisant partie du groupement l'obligation de signer l'adresse à envoyer aux
autorités compétentes, et, qu'elle refuse ou non, la pétition sera quand même adressée au nom de l'association entière.

Il y a une autre raison et c'est une raison d'ordre
politique. Accorder le droit de pétition aux associations,
ç'eût été introduire parfois une cause de désordres,
un prétexte à tumultes : l'histoire de la France suffi
largement pour nous convaincre que ce n'est pas une
chimère. Les clubs, sous la Révolution, ont abusé de
cette liberté : nous le verrons plus tard ; et ce droit,
aux mains de ces puissantes sociétés, devenait une
cause de troubles dans l'Etat. Aussi les lois de la période révolutionnaire ont-elles été unanimes à proclamer le principe du droit de pétition, droit individuel.
C'est ce principe qui est resté dans nos institutions
publiques. Aux Etats-Unis, où les sociétés n'ont jamais
été animées d'un esprit révolutionnaire, cette liberté
ne devient pas un danger et n'a jamais été la cause de
désordres regrettables. Qui pourrait assurer qu'il en
serait de même chez nous ?

Le droit de pétition est donc, dans presque tous les

Etats modernes, unanimement reconnu. Tantôt les individus seuls, tantôt les personnes morales en auront
la jouissance. Le principe est proclamé dans presque
toutes les constitutions ; mais il ne suffit pas de reconnaître un droit, il faut en assurer l'exercice, en prévenir les abus, sans toutefois mettre des restrictions
telles que l'exercice du droit devient impossible en
fait. C'est cette mise en pratique de la liberté de pétition qui doit maintenant fixer notre attention.

CHAPITRE III

De l'exercice du droit de pétition et de ses limitations.

Réglementation nécessaire du droit de pétition. — *Section I.* — Réglementation relative à la confection des pétitions. — La pétition doit être écrite et signée. — Manœuvres frauduleuses faites en vue d'obtenir des signatures, en Angleterre, en Belgique, en France. — La répression est-elle possible ? — Système pratiqué en Angleterre pour éviter ces abus. — Système français : la légalisation de la signature. — Difficultés auxquelles donne naissance cette légalisation. — La pétition doit être respectueuse dans sa forme.—Circulation des pétitions et raccolage de signatures. — Les fonctionnaires peuvent-ils signer une pétition? — *Section II.* — Réglementation relative aux autorités compétentes pour recevoir les pétitions. — Angleterre. — France. — *Section III.*— Réglementation relative au dépôt des pétitions devant les autorités compétentes. — Interdiction des pétitions à la barre des assemblées.

L'idéal serait naturellement,qu'après avoir consacré un droit, le législateur ne fut pas obligé d'en régler l'exercice dans des limites quelquefois étroites. Malheureusement, il n'est pas de liberté dont on n'ait abusé et il en est du droit de pétition comme des autres. Laisser complètement libre l'exercice de ce droit, le dégager de toute réglementation serait parfois créer une source d'abus et de désordres. Aussi toutes les législations, sans aucune exception, ont-elles déterminé les conditions d'exercice du droit de pétition.

Bien entendu, il ne faut pas que, sous prétexte de réglementer l'exercice d'un droit, on vienne à l'entourer de telles restrictions, de telles limitations qu'en fait cet exercice soit rendu impossible. Il faut laisser à la liberté que l'on veut réglementer assez de latitude pour se développer librement; il ne faut pas trop y toucher sous peine de la supprimer entièrement.

Parmi les conditions auxquelles est soumis l'exercice du droit de pétition, il y en a qui touchent à la confection même de la pétition; d'autres ont trait à la manière dont cette pétition doit parvenir devant les autorités compétentes ; d'autres enfin déterminent ces autorités devant lesquelles on peut pétitionner. Ce sont ces trois catégories de prescriptions que nous nous proposons d'examiner successivement.

SECTION I. — *Réglementation relative à la confection des pétitions.*

« Toute pétition ne peut être faite que par écrit. » dit l'article 6 de la loi du 22 juillet 1879, sur le siège du pouvoir exécutif et des Chambres à Paris. Les articles 61 du règlement de la Chambre des Députés et 95 de celui du Sénat s'expriment, à peu de chose près,

dans des termes identiques, en disposant que : « toute
pétition doit être rédigée par écrit et signée ; elle doit
indiquer la demeure du pétitionnaire ou de l'un d'eux,
si elle est revêtue de plusieurs signatures. » Ce sont
les bases de notre législation actuelle sur l'exercice du
droit de pétition. Toute pétition doit être écrite et signée. Qu'elle soit écrite, cela se comprend aisément ;
on admet cependant qu'elle peut être imprimée, pourvu que les signatures soient manuscrites. Cette impression des pétitions aura pour conséquence l'application
de la loi du 29 juillet 1881 ; on devra donc y indiquer
le nom et le domicile de l'imprimeur, à peine contre
celui-ci d'une amende de cinq à quinze francs ; même
l'emprisonnement pourra être prononcé, si, dans les
douze mois précédents, l'imprimeur a été l'objet d'une
condamnation par un fait de même nature. Il doit aussi
faire le dépôt administratif de deux exemplaires de la
pétition (1).

Mais, qu'elle soit imprimée ou manuscrite, la pétition
doit, dans tous les cas, être signée. Rien n'est plus légitime ; c'est une garantie d'authenticité. Cette signature individuelle constitue une obligation très utile et ce-

1. Loi du 29 juillet 1881. art. 2 et 3. Le dépôt administratif doit
être fait au ministère de l'Intérieur pour Paris, à la préfecture
pour le chef-lieu de département, à la sous-préfecture po r le
chef-lieu d'arrondissement, et, pour les autres localités, à la mai-
rie.

pendant, elle n'a pas toujours été requise dans notre législation.

Admise dans la Constitution de 1791 (1), elle ne le fut pas sous la Législative et sous la Convention,qui engageaient parfois des discussions sur des adresses signées du nom d'une commune ou d'un département. L'Assemblée Législative délibéra même un jour sur une pétition signée : « Le Peuple » (2). De tels faits sont des abus et l'on ne restreint en rien l'exercice du droit de pétition en le soumettant à la formalité de la signature.

Mais ces signatures sont-elles toujours authentiques et n'y-a-t-il pas lieu de craindre que des noms aient été faussement placés au bas d'une pétition ? C'est là une des questions les plus graves qui aient été agitées sur notre sujet. Ce n'est pas une chimère de craindre les fausses signatures.

Le cas s'est déjà présenté en Angleterre dans le courant du XVIIe siècle. Des milliers de pétitions, écrites de la même main, sur le même papier, employant le même langage et signées par un nombre fabuleux de personnes, ont attiré l'attention des pouvoirs publics. On se rendit bien vite compte que des agents peu scrupuleux et, dont le seul but était de créer une

1 « Les citoyens ont la liberté d'adresser aux autorités constituées des pétitions signées individuellement ».

2. Séance du 12 pluviose an VIII. *Archives parlementaires*, t. I. p. 132.

agitation factice dans le pays, avaient été obligés de recourir à des faux et à diverses manœuvres frauduleuses, afin de multiplier les signatures. Lord Clarendon raconte que, déjà en 1640, « lorsqu'on s'était procuré une multitude de signatures, on coupait la pétition, on en rédigeait une nouvelle, appropriée au but qu'on voulait atteindre, et on l'annexait ensuite à la longue liste des noms qui avaient été apposés au bas de la première. Par ce moyen, beaucoup de personnes trouvaient leur signature sur des pétitions dont elles n'avaient jamais entendu parler (1). On employait les moyens les plus divers pour arriver à donner aux pétitions un grand nombre de signatures ; souvent même on trouve les noms les plus invraisemblables : les signatures d'ennemis irréconciliables, d'adversaires politiques sont côte à côte. D'ailleurs cela importait peu aux agitateurs dont le seul but était de réunir des noms en quantité suffisamment imposante.

En Belgique, ces mêmes pratiques ont attiré l'attention des Chambres. Le 28 novembre 1862, par exemple, sur la proposition de M. Hymans, rapporteur, la Chambre des Représentants passe à l'ordre du jour sur cinquante et une pétitions dénuées de fondement et de bons sens. A cette occasion, M. Allard fait observer que souvent des pétitions sont signées de noms apocryphes. Ces pratiques constituent un manque de res-

1. *Hist. of Rebellion*, II, 357.

pect pour la représentation nationale. Le 1ᵉʳ mai 1863,
M. Vandenpereboom constate encore qu'une adresse,
signée de faux noms, est parvenue sur le bureau de la
Chambre (1).

En France, où le droit de pétition a eu, à certaines
époques, un développement considérable, les mêmes
faits se sont produits. On s'en assure facilement en
parcourant les discussions qui se sont ouvertes dans
nos Chambres à ce sujet. Tantôt on remarque sur
une requête trois cents signatures faites de la même main, tantôt on doit enregistrer les réclamations
de personnes qui se plaignent de l'abus qui a été fait
de leur nom (2).

Tout cela a attiré l'attention du législateur et l'on a
cherché des remèdes à ce mal. Sans doute, celui qui
se rend coupable d'un faux de cette nature est pour-
suivable ; c'est, du moins, l'avis de la majorité des auteurs. On ne cause, il est vrai, qu'un préjudice moral
aux intérêts publics, mais nous ne voyons aucune raison pour moins protéger la collectivité que l'individu.

« Toute altération de la vérité qui atteint la foi publique, dit M. Garraud, présente un danger trop grave
pour n'être pas réprimée et le dommage général ré-
sultant d'une altération d'écriture, qui réunit du reste

1. V. Hymans. *Histoire parlementaire de la Belgique* de 1831
à 1880. Bruxelles 1880. Tome IV, p. 170.

2. Séance du Sénat du 3 février 1880 et rapport de M. Tallon.
à l'Assemblée Nationale. *J. off.*, 16 mai 1872.

.toutes les autres conditions du faux punissable, est certainement suffisant pour constituer le préjudice ». C'est bien ici le cas, et la jurisprudence a fait une application remarquable de cette doctrine, en décidant que l'apposition frauduleuse de signatures contrefaites, sur une pétition, constitue le crime de faux (1). « C'est, dit la Cour de Cassation, porter, sous le point de vue moral, à un intérêt d'ordre général et public, une double atteinte. C'est directement offenser la société elle-même dans ses conditions d'existence et de durée ; c'est, d'autre part, blesser la dignité d'un des grands pouvoirs de l'Etat, entraver l'accomplissement régulier de sa haute mission, l'exposer à confondre l'abus avec le droit et à couvrir, de la protection dûe à la libre expression d'un vœu légitime, l'œuvre de la simulation et de la fraude ».

M. le conseiller Rocher, dans le rapport qu'il avait présenté sur la question, avait dit : « Il en est des droits politiques comme des autres grands intérêts de la vie sociale ; ils sont placés sous la même sauvegarde et la société est blessée au cœur quand il y est frauduleusement porté atteinte ».

Il semble donc que le faux est répréhensible en matière de pétitions, mais on doit convenir qu'il le sera rarement dans la pratique. Comment parvenir à reconnaître, parmi ces multitudes de signatures, les vraies des

1. Crim. 19 septembre 1850, affaire Bailly.

fausses; et, cette opération terminée, comment arriver à découvrir le faussaire ? Il échappera le plus souvent à l'action de la justice. Et même, si, par impossible, on vient à le connaître, il faudra le poursuivre devant le jury qui se montrera le plus souvent fort indulgent pour ce crime et qui sera plus prompt à acquitter qu'à condamner.

Un exemple frappant s'est produit en 1848. Les fausses signatures s'étaient tellement multipliées sur les pétitions adressées en masse à l'Assemblée, à l'occasion de différents projets de lois, que la justice dut sévir. A l'instigation de M. Léon Foucher, alors ministre de la justice, de nombreuses poursuites, environ quatre-vingts, furent exercées devant le jury. Elles aboutirent à treize condamnations très bénignes, à des ordonnances de non-lieu ou à des acquittements beaucoup plus nombreux.

Puisqu'on ne peut arriver à corriger le mal lorsqu'il est fait, il vaut mieux le prévenir. La confiance, dont jouira le droit de pétition, son crédit, son autorité sont à ce prix. Les pouvoirs publics eux-mêmes sont intéressés à ce que la fantaisie ou les manœuvres frauduleuses des pétitionnaires ne les fassent complices du faux et de la mauvaise foi, et ne les rendent pas le jouet d'une mystification. Il faut empêcher le mal de naître et s'assurer de l'authenticité des signatures. Mais quels moyens employer pour arriver à ce but ? Deux systèmes sont en présence : celui qui est pratiqué en Angleterre, et celui qui est en usage en France.

En Angleterre, où, comme nous l'avons vu, la pratique des fausses signatures a été très en honneur et où les moyens employés pour obtenir des signatures n'ont pas toujours été très recommandables, on a cherché à remédier à ces abus. Les Anglais sont ennemis des mesures préventives et, que ce soit en matière de presse, en matière de réunions, il n'existe pas de ces prescriptions dont le but est de prévenir le délit.

C'est ainsi que plus d'une fois on a reçu au Parlement des milliers de pétitions calquées sur le même modèle ou revêtues de millions de signatures, sans s'inquiéter outre mesure des démarches faites par des comités actifs, entreprenants et presque séditieux. On s'est contenté de dénoncer au Parlement une ressemblance de rédaction ou d'écriture qui trahissait la main des meneurs, plus qu'elle n'indiquait la volonté du peuple ; et, alors, au lieu d'accueillir ces adresses comme étant l'expression d'un sentiment national, on les a tout simplement écartées. Parfois on a cherché à découvrir les auteurs de ces pratiques frauduleuses et on les a poursuivis, mais ce qu'on a tenu avant tout à respecter : c'est la liberté ; on n'a rien voulu faire qui pût entraver de quelque façon l'exercice de droit de pétition.

Cependant cette habitude devint telle, les pétitions fausses furent déposées en si grand nombre, que l'on

dut réglementer quelque peu l'exercice immodéré de ce droit si respectable.

Voici ce que l'on a fait. Toute pétition n'arrive au Parlement que par l'intermédiaire d'un de ses membres. Ce membre de la Chambre des Communes ou de la Chambre des Lords apporte la pétition sur le bureau de l'Assemblée. C'est un moyen très habile d'écarter toutes les pétitions extravagantes et de garantir, dans une large mesure, la véracité et l'authencité des signatures. On n'a donc apporté aucune restriction sérieuse au droit de pétition, et, pourvu qu'une pétition réalise ces deux conditions de n'être ni absurde, ni entachée de faux, elle parviendra aux Chambres. Il ne sera jamais difficile de trouver un député qui veuille se charger de transmettre une requête, même si elle exprime les idées les plus avancées.

Le système français diffère essentiellement de celui qui est pratiqué en Angleterre. On prévient le délit en exigeant la légalisation des signatures par les autorités compétentes. Les articles 95 du Règlement du Sénat et 61 de celui de la Chambre des Députés disent en termes formels : « les signatures doivent être légalisées ». Au premier abord, il semble que cette formalité de la législation n'entraîne aucune entrave bien grande, et n'apporte aucune restriction bien grave à l'exercice du droit de pétition. Cependant elle présente divers inconvénients.

Voici une pétition signée de plusieurs centaines de

personnes, va-t-on exiger la légalisation de toutes ces signatures? Ce serait rendre impossible en fait l'exercice du droit. Qu'une pétition individuelle soit légalisée, rien n'est plus légitime ; exiger cette formalité pour toutes les signatures, serait un abus et ce serait forcer le droit de pétition à n'être plus que la manifestation d'une pensée individuelle.

Il peut arriver telle circonstance où la liberté de pétitionner, s'exerçant en masse, deviendrait illusoire, si la légalisation de toutes les signatures était requise, et si, cette formalité n'étant pas remplie, les requêtes ne pouvaient être examinées devant les Chambres. Ce serait porter une grave atteinte à une liberté.

Les règlements de nos Assemblées sont muets sur ce point: cependant il est de pratique constante que l'absence de légalisation, pour une partie des signatures, n'empêchera pas l'examen de la pétition, mais diminuera dans une mesure corrélative, l'autorité de son caractère (1). Suivant nous, cette règle est trop restrictive et peut enlever au pétitionnement en masse presque toute son autorité. En effet, dans ces sortes de pétitions, on ne pourra guère faire légaliser que quelques-unes d'entre les signatures ; les autres ne seront donc considérées, nous ne dirons pas comme sans valeur, mais comme de peu de poids et on ne les prendra guère en considération.

1. V. à ce sujet l'ouvrage de M. Pierre, 1893, p. 589.

Voilà une première difficulté; il y en a une autre. Les signatures doivent être légalisées par une autorité désignée à cet effet par la loi; mais, par suite du mauvais vouloir de ces autorités chargées d'accomplir cette formalité, le droit de pétition pourrait être diminué et presque entravé. Le cas se présentera rarement, car les autorités municipales ne peuvent se refuser à légaliser les signatures dont l'identité est constatée par la réclamation en personne des intéressés. Si ces autorités manquaient à ce devoir impérieux, elles encourraient une grosse responsabilité et des mesures de répression pourraient être provoquées contre le fonctionnaire coupable d'un tel abus de pouvoir (1). Et cependant on a jugé que cette crainte n'était pas chimérique et qu'on pourrait parfaitement voir des autorités municipales se refuser à remplir leur devoir.

Le plus souvent, c'est la minorité qui pétitionne et s'élève contre les abus commis par le gouvernement.

1. Le préfet de la Haute-Vienne, dans une circulaire adressée aux sous-préfets et maires de son ressort disait : « Les maires ne sauraient refuser de légaliser une signature parce qu'ils désapprouvent la pétition, car l'effet de la légalisation est seulement d'attester que la circulaire est authentique. Mais les maires exigent que les signatures soient apposées devant eux ou tout au moins que la véracité de chacune d'elles, prise individuellement, soit certifiée par deux témoins qui déclareront l'avoir vu apposer librement. Les magistrats engageraient leur responsabilité personnelle en légalisant toutes les signatures *in globo*, sans vérification préalable de leur sincérité ».

Si un individu, porteur d'une telle pétition, signalant les exactions de la majorité, se présente pour légaliser sa signature devant un fonctionnaire trop zélé, il pourra se voir refuser cette légalisation. Pour remédier à cet abus de pouvoir possible, les règlements de nos Chambres ont disposé que, si la légalisation est refusée, mention sera faite de ce refus sur la pétition.

Tel est le système pratiqué en France. La question s'est aussi posée de savoir si les pétitions, déposées par les membres de l'Assemblée, doivent être, comme les autres, soumises aux formalités prescrites. M. Tallon, dans le rapport qu'il présentait à l'Assemblée Nationale, se prononça pour l'affirmative et voici pour quels motifs : « La commission a pensé, dit-il, qu'à raison même de sa responsabilité, le représentant qui fait le dépôt devait s'assurer, pour sa propre garantie, de l'existence et de la sincérité du pétitionnaire ; il pourrait arriver en effet, qu'obsédé par la demande d'inconnus, le représentant cédât à leurs persistantes instances en effectuant le dépôt de pétitions dont l'authenticité est suspecte. La disposition du projet de loi lui permettra de s'éclairer sur l'identité de ceux-ci, et sans blesser aucune responsabilité. S'il connaît au contraire les pétitionnaires, le représentant pourra certifier lui-même les signatures et cette législation aura, aux yeux de la commission, une autorité qu'elle s'empressera de reconnaître ».

Les règlements de nos Assemblées ne disent rien sur

ce point et, cependant, il est de pratique constante qu'une pétition déposée par un sénateur ou par un député, revêtue en marge de la signature du membre qui la dépose, est considérée comme légalisée. Nous retombons donc dans le système pratiqué en Angleterre.

Aux Etats-Unis, on va même plus loin, et le Sénat a reçu, présentée par un de ses membres, une adresse non signée ; mais le membre, qui en faisait le dépôt, a affirmé qu'elle était entièrement écrite de la main du citoyen dont le nom figurait en tête.

Comme nous venons de le voir, la question de la légalisation n'a pas été sans soulever de graves difficultés. Nous préférons le système admis en Angleterre qui est reconnu en fait par nos Assemblées : la présentation d'une pétition par un membre d'une Chambre suffit pour en garantir l'authenticité.

Nous n'avons eu ici en vue que les adresses présentées aux assemblées politiques, parce que ce sont les seules qui sont l'objet d'une réglementation. On pourrait sans doute pétitionner devant le Président de la République, mais nous ne voyons aucune disposition qui donne la marche à suivre. D'ailleurs, comme, dans notre pays, les Chambres ont l'initiative en matière législative, c'est à elles qu'on s'adresse de préférence pour réclamer le redressement d'un grief ou pour demander l'élaboration ou l'abrogation d'une loi.

La pétition doit donc être écrite et signée : ce sont deux règles essentielles pour que la requête soit admise et ne soit pas l'objet d'une fin de non-recevoir, avant tout examen. Il y en a d'autres.

La forme doit être respectueuse et cela se comprend aisément. Le meilleur moyen d'obtenir la réalisation d'un vœu n'est pas de commencer par insulter l'autorité à laquelle on s'adresse. Déjà la Constitution de l'an III, après avoir accordé dans son article 364, le libre exercice du droit de pétition ajoutait que les pétitionnaires ne devaient jamais oublier le respect dû aux autorités constituées.

Les Chambres anglaises sont même très sévères sur ce point. Toute pétition doit être terminée en forme de supplique, sinon elle est considérée comme une remontrance et n'est pas reçue.

Les requêtes portent en tête, quand on s'adresse à la Chambre des Lords : « Aux Lords spirituels et temporels réunis en Parlement » (1), et à la Chambre des Communes : « Aux honorables membres des communes du Royaume-Uni de Grande-Bretagne et d'Irlande réunis en Parlement » (2).

On trouve aussi, dans l'histoire parlementaire de la Belgique (3), de nombreux cas de pétitions inconvenantes qui sont parvenues aux bureaux de Chambres. Le 1er février 1860, un débat s'est engagé sur une

1. *To the lords spiritual and temporal in Parliament assembled.*

2. *To the honourable the commons of the united Kingdom of Great Britain and Ireland in Parliament assembled.*

3. Hymans. *Op. cit.* Tome IV, p. 34 et 580.

pétition des habitants de Perwez qui présentaient des observations relativement aux travaux de la Chambre. M. Notelteirs, rapporteur, conclut à l'ordre du jour, parce que l'adresse était rédigée en termes inconvenants. La Chambre belge, ayant reçu depuis cette époque un grand nombre de pétitions de cette nature, décida, le 26 novembre 1869, qu'à l'avenir, il ne serait plus fait d'analyse des pétitions rédigées d'une manière inconvenante.

Certaines Constitutions, même, déclarent n'accorder le droit de pétition, qu'à la condition qu'on l'exercera d'une façon respectueuse. Par exemple, la Constitution mexicaine du 12 février 1857 dit, dans son article 8 : « Est inviolable, le droit de pétition exercé par écrit, d'une manière pacifique et respectueuse. » La Constitution japonaise fait de même dans son article 30 : « Les sujets japonais jouissent du droit de pétition, à charge d'observer les règles du respect et les dispositions spéciales de la loi à cet égard. »

Il ne suffit pas qu'une pétition soit rédigée en termes respectueux vis-à-vis de l'autorité à laquelle elle est adressée, il faut aussi qu'elle ne contienne pas de calomnies contre les fonctionnaires de l'administration.

En accordant cette liberté aux citoyens, la loi a voulu leur permettre de faire parvenir jusqu'à l'autorité supérieure leurs plaintes et leurs légitimes revendications ; elle n'a pas entendu leur fournir un instrument de vengeance ou de calomnie contre les actes des agents de l'administration, justement exécutés dans l'exercice de leurs fonctions. Aussi, la jurisprudence a-t-elle, constamment et à juste titre, appliqué l'article 373 du Code Pénal aux dénonciations mensongères et calomnieuses faites au ministre et au chef de l'Etat, par voie de pétition. Il a été décidé notamment par la Chambre criminelle de la Cour de Cassation que le signataire d'une pétition, adressée au chef de l'Etat, et signalant des faits mensongers, de nature à appeler, sur ces fonctionnaires de l'ordre administratif et judi-ciaire, des peines disciplinaires ou autres, et imputés méchamment et à dessein de nuire, ce signataire, disons-nous, peut être poursuivi en dénonciation calom-nieuse, lorsque la fausseté des allégations a été décla-rée par l'autorité compétente pour les apprécier. Une telle solution n'est pas incompatible avec la liberté de pétitionner (1).

1. Nous n'avons pas ici à faire l'étude des pétitions contenant des imputations diffamatoires et calomnieuses. Le député est à l'abri de toute poursuite à raison de son rapport sur une pétition qui contiendrait un délit. Mais cette inviolabilité couvre-t-elle le pétitionnaire ? En Angleterre, le principe admis est qu'aucune expression, émise suivant le cours régulier des formes parlemen-taires, ne peut être considérée comme un délit, car un pareil écrit tire de ses rapports avec le Parlement un caractère de légalité. Les Anglais étendent l'application de ce principe aux pétitions (*Affaires Meller*, Edouard Lake et Gée). Il importe au bien de l'Etat, disent-ils, de laisser entièrement libre et exempte de toute appréhension, la communication entre le peuple et ses représen-

Le droit de pétition, si légitime et si respectable, ne doit pas dégénérer en licence, et devenir un instrument de troubles et de désordres. Même dans la confection de la pétition, il y a place pour des scènes de cette nature. Les auteurs d'une pétition peuvent rechercher d'autres signataires pour augmenter l'importance de leur requête et lui donner plus de poids, plus d'autorité. Cela peut occasionner des rassemblements, des attroupements sur la voie publique, choses qui peuvent être, et qui sont le plus souvent, contraires à l'ordre et à la tranquillité. Les libertés trouveront leur limite dans la nécessité de faire régner partout cet ordre et cette tranquillité ; et l'administration a le droit de réglementer toutes les libertés quand leurs manifestations sont de nature à troubler la paix publique. C'est là le rôle de la police.

C'est particulièrement en Angleterre que ces désordres de la rue se sont produits. Toute pétition coutants. Ce privilège, bien entendu, ne s'étend qu'au cas où la pétition a été imprimée et distribuée à chaque membre de la Chambre, mais, si la distribution a lieu à d'autres, elle donne lieu à l'ouverture d'une action criminelle possible si la pétition contient une imputation diffamatoire. Cette doctrine est-elle dans nos mœurs ? Nos lois sont silencieuses sur ce point et nos mœurs n'attachent pas au droit de pétition la même importance qu'en Angleterre. Nous n'avons pas à examiner cette question de droit criminel. V. à ce sujet, Barbier, *Code de la Presse*. Chanan : *Délits et contraventions de la parole, de l'écriture et de la presse.*

verte d'un grand nombre de signatures — et nous verrons combien cette pratique est fréquente de l'autre côté de la Manche ! — a été généralement précédée d'un conciliabule, où l'òn présente cette adresse à la signature de tous les individus présents. En vertu d'une tradition constante en Angleterre, ces réunions étaient tolérées en plein air, et la police n'intervenait qu'en cas de troubles. Naturellement cette faculté dégénéra en abus, et un statut, rendu sous le règne de Georges III, interdit toute réunion, de plus de cinquante personnes, sur la voie publique, à une distance de moins d'un mille de Westminster Hall, dans le but de préparer une pétition, à l'une ou à l'autre Chambre, tendant à modifier les lois qui régissent l'Eglise ou l'Etat. Cette loi doit être interprétée limitativement ; il faut en conclure que des réunions peuvent avoir lieu en pleine liberté les jours où les Chambres ne siègent pas et que les réunions électorales sont aussi permises.

En France, avant la loi de 1879, qui vise spécialement le cas de réunions faites en vue de confectionner des adresses aux pouvoirs publics, la circulation des pétitions, imprimées d'avance et colportées à l'état de formules uniformes, avait été l'objet, le 5 avril 1879, d'une circulaire du préfet de la Haute-Vienne ainsi conçue : « Les pétitions peuvent être remises à des domiciles particuliers. Sont, au contraire, interdites, la distribution de pétitions et la recherche de signatures sur la

voie publique, dans les cafés, cabarets, délits de bois-
sons, débits de tabac, cercles et autres lieux de réunion
et enfin dans les écoles. Est également interdite, toute
apposition d'affiches destinées à provoquer au pétitionnement. »

Enfin la loi du 22 juillet 1879, relative au siège
des pouvoirs publics à Paris, a consacré ces idées législativement, en disant dans son article 7 : « Toute
provocation par des discours proférés publiquement
ou par des écrits ou imprimés, affichés ou distribués,
à un rassemblement sur la voie publique, ayant pour
objet la discussion, la rédaction ou l'apport aux Chambres ou à l'une d'elles de pétitions, déclarations ou
adresses — que la provocation ait été ou non suivie
d'effets — sera punie des peines édictées par le paragraphe premier de l'article 5 de la loi de 1848. »

Cette loi est relative anx attroupements, et le paragraphe susvisé punit d'un emprisonnement de quinze
jours à six mois, quiconque faisait partie d'un attrou-
pement non armé et qui ne l'aurait pas abandonné
après le roulement de tambour précédant la deuxième
sommation.

Ce texte n'a pas besoin de commentaires et se jus-
tifie pleinement par la nécessité de faire régner
partout dans un Etat l'ordre et la tranquillité.
Ces principes sont d'ailleurs admis dans toutes
les législations et ce n'est pas restreindre le droit

de pétition que d'exiger que, dans sa manifestation, il ne soit pas une cause de désordres.

Tels sont les points sur lesquels le législateur est intervenu pour réglementer l'exercice du droit de pétition, en ce qui concerne la rédaction, la confection des adresses aux pouvoirs publics.

Tous ceux qui ont la jouissance du droit de pétition, et nous avons demandé cette liberté pour tous, en ont aussi l'exercice.

Il y a cependant quelques restrictions et certains citoyens ne peuvent parfois pas signer une pétition : nous voulons parler des fonctionnaires.

Bien entendu, la pétition, dans son sens étroit, c'est-à-dire, lorsqu'elle a seulement pour objet, le redressement d'un grief, cette pétition est permise aux fonctionnaires ; mais il est certaines adresses auxquels ils ne peuvent pas prendre part : ce sont les pétitions à caractère politique.

Cette question s'est posée devant les Chambres ; on s'est demandé si l'on ne devait pas limiter l'exercice de cette liberté en ce qui concerne les fonctionnaires. Dans la séance du 7 juin 1879, M. Cunéo d'Ornano a critiqué une circulaire, en date du 13 avril 1879, par laquelle le préfet de la Charente rappelait que les fonctionnaires de tout ordre ne peuvent prendre part à des pétitions politiques, dirigées contre le gouvernement. Dans cette circulaire, le préfet dit en substance

que, s'il est permis à un particulier de prendre part à
un mouvement pétitionniste dirigé contre un projet de
loi gouvernemental, il ne saurait en être de même pour les
fonctionnaires de tout ordre et les agents de l'autorité.

En réponse aux critiques formulées par M. Cunéo
d'Ornano, M. Lepère, ministre de l'intérienr, déclare
que le préfet de la Charente a agi en vertu d'une circulaire émanée des bureaux du ministère. M. Lepère ne
conteste pas aux fonctionnaires de droit de signer une
pétition, mais ce qu'il leur dénie, c'est de prendre part
à des manifestations contre le gouvernement, en faisant
suivre leur nom de leur qualité officielle.

« Il ne faut pas, dit-il, qu'agents du pouvoir central, ils viennent apposer leurs signatures, avec leur
titre de fonctionnaires, à l'appui d'une propagande qui
est dirigée contre le gouvernement ».

A la suite des explications données par le ministre de l'intérieur, la Chambre a voté l'ordre du jour
déposé par M. Floquet et ainsi rédigé : « La Chambre
des députés, considérant que le droit de pétition est
au-dessus de toute contestation, mais qu'il doit être
sérieusement interdit à tous les dépositaires de l'autorité publique de se mêler à une agitation organisée
contre le gouvernement, passe à l'ordre du jour ».

Il y a quelque chose de choquant à voir des fonctionnaires prendre part à des manifestations dont le
but est de critiquer les actes de gouvernement. On ne
restreint pas le droit de pétition en défendant chose

pareille ; en effet, les fonctionnaires pourront toujours signer des pétitions, mais ce que nous ne pourrions admettre, c'est de les voir se servir de leur qualité officielle pour peser d'un poids quelconque dans une adresse, dont l'unique intention est de blâmer le gouvernement. En Allemagne aussi, de nombreuses circulaires ministérielles sont venues rappeler aux fonctionnaires qu'ils doivent s'abstenir de toute manifestation collective dirigée contre le régime établi. C'est contraire, disent les circulaires, à l'esprit de discipline qui doit régner parmi les agents du pouvoir central.

Nous venons d'examiner les règles relatives à la confection des pétitions, tant au point de la forme qu'à celui du fonds, nous allons voir maintenant à quelles autorités elles peuvent être adressées, et de quelle manière en est effectué le dépôt.

SECTION II. — *Réglementation relative aux autorités compétentes pour recevoir les pétitions*

La pétition est écrite, signée, à qui va-t-on pouvoir la présenter ?

Ce qui se passe à l'origine d'une institution est très simple et en fait bien comprendre la nature. Le droit de pétition, dans sa forme la plus primitive, est le droit de demander la réparation d'un tort qui a été causé, d'un grief personnel. Une telle demande doit naturellement s'adresser au pouvoir compétent pour réparer ce

dommage. Ainsi, sous les régimes de monarchie absolue, les pétitions vont évidemment au monarque, puis-
que, lui seul, a le pouvoir d'accorder ce que l'on demande.

En Angleterre, au XIVᵉ siècle, toutes les requêtes,
qu'elles vinssent d'individus ou de corporations, étaient
toutes adressées au roi, car il avait seul l'autorité nécessaire pour redresser des griefs publics ou privés et
pour satisfaire aux besoins de la nation. C'était au roi,
dans son conseil, que ces adresses parvenaient. Les
Chambres, à cette époque, n'avaient pas de pouvoir
et n'intervenaient qu'à titre consultatif (1). Plus tard,
lorsqu'elles acquirent plus d'importance et lorsqu'elles
eurent concurremment avec la Couronne l'initiative en
matière législative, c'est à elles que l'on s'adressera
aussi. De nos jours, en Angleterre, le droit de pétition
s'exerce sans aucune restriction à la Chambre des
communes, à la Chambre de Lords et à la Couronne.

En France, les pétitions peuvent être envoyées au
Sénat, à la Chambre des députés, au Président de la
République, aux ministres et aux administrations publiques ; mais il n'en fut pas toujours ainsi, et, sous ce
rapport, le droit de pétition a été l'objet d'une sévère
règlementation.

La Constitution de 1791 et celle de l'an III étaient
très larges et rangeaient, parmi les droits naturels, la

---

1. Guizot. *Origines du gouvernement représentatif.* Paris
1855. Tome II, p. 341 et suiv.

liberté d'adresser des pétitions à toutes les autorités
constituées. La Constitution de l'an VIII devient plus res-
tritive ; ce droit peut être exercé devant toutes les autorités, mais on recommande spécialement le Tribunat.
C'est dans ce corps que l'on examina, dans le début, le
plus de pétitions. Quand il fut supprimé sous l'Empire,
il avait à peu près cessé d'en recevoir. Sous le régime
des Chartes de 1814 et de 1830, le droit est exercé
devant les deux Chambres. On s'adressait naturellement de préférence à la Chambre des Députés et cela
se comprend sans peine. Le pays a plus de penchants à
communiquer avec ses mandataires qu'à implorer des
pairs ou des sénateurs qui ont une origine toute diffé-
rente. En 1848, le droit de pétition s'exerçait librement
devant toutes les autorités politiques. Donc, jusqu'à
cette époque, il n'y a pas de restrictions.

C'est dans la Constitution de 1852 que nous en rencontrons une. L'article 45 de cette Constitution dispose
que le droit de pétition s'exerce auprès du Sénat et
qu'aucune requête ne pourra être adressée au Corps
Législatif. Cet article 45 était complété par un article
29 ainsi conçu : « Le Sénat maintient ou annule tous
les actes qui lui sont déférés comme inconstitution-
nels par le gouvernement ou dénoncés, pour la même
cause, par les pétitions des citoyens ». Le rôle attri-
bué au Sénat paraissait fort élevé ; ce corps était,
suivant les termes de la Constitution, le gardien du
pacte fondamental et des libertés publiques.

Tout cela n'était que factice, et il était facile de se convaincre que le droit de pétition était resserré dans des limites très étroites. Pendant de longues années, jusqu'en 1861, les séances du Sénat étaient secrètes et il n'en était donné aucun compte-rendu. Le public ignorait donc ce que devenaient les requêtes qu'il avait envoyées. C'était un moyen de le décourager. Ensuite, lorsque parut le compte-rendu officiel, la presse, soumise à l'autorisation préalable, à l'avertissement, à la suspension, et même à la suppression par voie administrative, ne pouvait rien ; elle devait donc reproduire des comptes-rendus soigneusement rédigés par des agents dévoués au pouvoir (1). Enfin, ce qui était plus grave encore, et qui ôtait toute espèce de garantie, le Sénat, sous le second Empire, n'était que l'humble serviteur des volontés impériales.

Sans doute, on ne jugeait pas encore ces restrictions suffisantes, car, en 1860, on proposa le rejet de toute pétition qui ne serait pas revêtue d'une signature unique, de sorte que cinq mille personnes, désirant la même chose, se seraient vues dans la nécessité d'adresser cinq mille pétitions distinctes. Ce projet n'aboutit pas : c'est la suppression du droit de pétition. Au contraire, plus tard on revint à des idées plus libérales et, dans les derniers jours de l'Empire, après le plébiscite du 5 mai,

1. V. Maurice Bloch. *Dictionnaire de la Politique* au mot « *Pétition* ».

le droit de pétition put être exercé auprès du Corps Législatif.

De nos jours, toutes ces restrictions n'existent plus et elles n'ont plus qu'un intérêt historique. Les citoyens ont la plus large liberté pour adresser leurs requêtes à qui bon leur semble.

Les autres Etats font de même et toutes les constitutions des différents peuples, dont nous avons eu à nous occuper, accordent le droit de pétition devant toutes les autorités publiques.

SECTION III. — *Réglementation relative au dépôt des pétitions devant les autorités compétentes.*

Ce point a particulièrement attiré l'attention du législateur, car la manière de faire parvenir des adresses aux autorités peut amener les plus graves désordres. Ce n'est pas une simple hypothèse : les histoires de France et d'Angleterre sont remplies de faits de cette nature et bien souvent l'apport des pétitions engendra des troubles, qui ensanglantèrent parfois la rue. Le législateur sentit donc la nécessité de régler tout particulièrement cette matière.

En Angleterre, cela fut fait dans un temps peu favorable aux libertés publiques, sous le règne Charles II. Le statut de la treizième année du règne de ce prince s'exprimait ainsi : « Aucune pétition ne pourra être présentée soit au roi, soit au Parlement, pour demander un changement dans l'Eglise et dans l'Etat, si elle est signée de plus de vingt personnes, à moins que le contenu n'en ait été approuvé par trois juges de paix ou par la majorité du grand jury, dans la province, et, à Londres, par le lord-maire, les aldermen et le conseil de la commune ; aucune pétition ne pourra être présentée par plus de dix personnes ». Le juge de paix, en Angleterre, est un particulier, un notable du comté, et, malgré le caractère restrictif de cet acte, il était aisé de trouver trois juges de paix pour signer une pétition, même présentée par un parti de l'opposition. Dix personnes seulement peuvent apporter une requête à la barre : cette disposition empêchait le retour des scènes tumultueuses, qui s'étaient découlées à Londres, lors du dépôt de ces pétitions monstres qui ont été très en vogue pendant un certain temps.

De nos jours, dans la plupart des cas, les pétitions, nous l'avons déjà dit, ne peuvent être remises que par le membre de la Chambre à laquelle elles s'adressent. Cette prescription, en même temps qu'elle écarte les troubles qui peuvent se produire au moment de l'apport des pétitions, offre une garantie sérieuse contre les requêtes injurieuses ou ridicules. Le député dépose la pétition sur le bureau, il dit d'où elle vient, de combien de noms elle est signée, puis il termine par la formule de la prière qui contient en même temps l'objet de la demande. Le nom de ce membre qui fait ce dé-

pôt est inscrit en tête de la pétition et en demeure insé-
parable (1).

On voit de quelle façon, les Anglais ont réglé l'exercice du droit de pétition. A cette seule condition du
respect des règles constitutionnelles, d'un langage
convenable et respectueux, d'une demande sérieuse et
digne de quelque intérêt, chacun peut apporter une
pétition aux représentants du pays « certain, dit
M. Laboulaye, de trouver audience s'il se plaint qu'on
a violé les lois en sa personne, sûr de trouver la publi-
cité, s'il a émis une idée nouvelle et qui puisse être
de quelque utilité ».

Dans les premiers jours de la Révolution française,
lorsque la liberté de pétitionner fut reconnue en termes formels aux individus, l'usage s'était établi d'apporter des pétitions à la barre des Assemblées. Dans
les temps de profonde agitation, l'observation a dé-
montré que les assemblées délibérantes se défendent
péniblement contre les influences extérieures, et surtout contre cette action violente et immédiate des
partis.

A ces époques, comme l'histoire nous en donne deux
grands exemples, l'un en Angleterre en 1640, l'autre en
France en 1789, les hommes de parti — et ils sont légion
— ne trouvent jamais les assemblées à leur niveau, c'est-

1. V. Laboulaye, *L'Etat et ses limites*. Paris 1853, p. 240 et
suivantes.

à-dire au niveau de leur propre excitation. Dès lors, le droit de pétition prend des développements énormes et, au lieu d'être exercé sans bruit, il devient un prétexte à réunions tumultueuses, à désordres violents.

C'est ce qui est arrivé sous la Constituante. Chacun pouvait se donner le plaisir d'aller se poser en réformateur à la barre de l'Assemblée, d'aller lutter avec les plus grands orateurs et de se faire écouter comme eux. Puis, peu à peu, ce ne fut plus un cas isolé; des hommes se réunirent et vinrent en masse exposer leurs revendications devant la Chambre : les pétitions devinrent alors un moyen d'influence et d'intimidation aux mains des partis politiques. On vit les pétitionnaires envahir la salle des séances et vouloir défiler parmi les représentants de la nation. On vit des citoyens venir menacer l'Assemblée, la sommer d'adopter leur manière de voir. On vit même, dans une séance de la Convention, un enfant de dix ans exposer à la barre des idées sur les matières d'un bon enseignement. Le 27 mai 1793, la Convention fut envahie par une bande de pétitionnaires qui réclamaient la proscription des traitres et le triomphe de la vertu. Ce fut le présage de la chute et de l'exécution des Girondins. La Convention fut en communication plus directe que les autres Assemblées avec les partis populaires; on vit jusqu'à des citoyens se présenter à la barre presque uniquement pour chanter une chanson patriotique. Ce n'était plus de la liberté, c'était de la licence.

Aussi ces pratiques ne pouvaient-elles être de longue durée. Le décret du 29 juillet 1789 avait dit imprudemment que la barre de l'Assemblée était réservée aux personnes qui auraient une pétition à présenter et auxquelles l'assemblée aurait accordé les honneurs de la séance. Mais déjà le premier août de cette même année, on trouve un décret qui s'efforce de restreindre dans la pratique ce droit accordé aux citoyens. On renvoie les pétitionnaires à ce qu'on appelait le comité des rapports, qui était chargé d'en référer ensuite à l'Assemblée ; cela, afin d'éviter les pertes de temps qu'entraînait fatalement pour la Constituante l'audition des pétitionnaires.

Puis les décrets se suivent ; le 16 octobre de la même année, nouveau décret, toujours pour restreindre cet exercice immodéré du droit de pétition. En mars 1790, l'Assemblée, envahie par une foule de pétitionnaires est obligée de déclarer qu'elle n'entendra aucune requête, si ce n'est dans les séances du soir. Tous ces décrets restèrent lettre morte et les pétitionnaires vinrent de plus belle ; ils défilaient même en arme au milieu de l'Assemblée. Il y eut de nouveaux décrets en juin, en septembre, en novembre 1792 qui ne donnèrent pas plus de résultats.

Enfin la Constitution du 5 fructidor de l'an III entre dans une voie nouvelle en décidant dans son article 364 que tous les citoyens sont libres d'adresser des requêtes aux autorités publiques, mais qu'elles doivent être individuelles. Cette formule était la traduction sous une forme législative du besoin impérieux, qui s'était fait sentir, d'empêcher le retour des scènes scandaleuses des années précédentes. Aussi la Constitution réduit-elle à trois le nombre des pétitionnaires admis à la barre. C'était encore trop.

Dans la suite, l'usage d'admettre des pétitionnaires à la barre des Assemblées s'est tout à fait perdu, et c'est une chose que l'on n'a pas à regretter. Les Chartes de 1814 et de 1830 disposent que la loi interdit d'apporter des pétitions en personne et à la barre. Enfin, de nos jours, l'article 6 de la loi du 22 juillet 1879 reproduit cette interdiction en des termes identiques. On ne pourrait donc plus venir déposer en personne des requêtes aux Assemblées délibérantes ; même la loi défend expressément les rassemblements sur la voie publique ayant pour objet l'apport d'adresses aux Chambres et en punit les auteurs des peines édictées au paragraphe premier de l'article 5 de la loi de 1848 (1).

Comment les pétitions vont-elles alors parvenir aux Chambres chez nous ? De plusieurs manières. Il a été reconnu que les dispositions légales n'interdisaient pas à l'auteur d'une requête de l'apporter lui même dans les bureaux du secrétaire général de la Présidence des Chambres ; on a même été plus loin et on a décidé, qu'en cas de pétitions collectives, plusieurs signataires pou-

1. Art. 7 de la loi du 22 juillet 1879.

raient venir ensemble dans le cabinet du secrétaire
général et le prier de faire procéder à l'enregistre-
ment de leur demande, dans les formes prescrites.
Mais lorsque les pétitionnaires se présentent en trop
grand nombre, ils sont invités à faire parvenir leur requête par la poste. En pratique, il n'est généralement
pas admis plus de cinq porteurs à la fois (1).

C'est généralement par la poste que les pétitions
parviennent aux Chambres; elles ne sont pas assujetties au droit de timbre, d'après l'article 16 de la loi du
13 brumaire de l'an VII. C'est ce qui les distingue des
autres pétitions; sont, en effet, assujetties à ce droit
toutes les pétitions et mémoires, même en forme de
lettres, présentées au chef du pouvoir exécutif, aux
ministres et aux autorités constituées, ainsi qu'à toutes les administrations et établissements publics (2).

En Belgique, la même règle n'est pas appliquée et
toutes les pétitions adressées aux autorités constituées,
administrations et fonctionnaires publics sont exemptes
du timbre, en vertu de l'article premier de la loi du 28

1. V. à ce sujet l'ouvrage de M. Pierre, déjà cité.

2. Les contraventions à ces dispositions sont punies, d'après
l'article 26 § 3 de la loi du 13 brumaire an VII d'une amende de
trente francs, réduite à cinq francs par la loi du 16 juin 1824,
sans préjudice du paiement du droit de timbre. Cette amende a
été élevée en principal à cinquante francs par la loi du 2 juillet
1862 et toute pétition non rédigée sur timbre doit être renvoyée
à son auteur, sans qu'il soit statué.

avril 1888. En Angleterre même, elles sont adressées par l poste et non affranchies; cela prouve la facilité avec laquelle on fait usage de ce droit dans ce pays.

Très fréquemment aussi, les pétitions parviennent d'une autre façon devant les Chambres. L'article 95 du règlement du Sénat dispose que les pétitions peuvent être déposées entre les mains d'un des secrétaires par un sénateur qui fait en marge mention du dépôt et signe cette mention. L'article 61 du règlement de la Chambre des députés se contente de dire que les requêtes peuvent être déposées par un député qui fait en marge mention du dépôt et signe cette mention. Il est d'usage à la Chambre que les députés remettent les pétitions entre les mains du Secrétaire général de la Présidence. Mention de ce dépôt est faite au *Journal officiel* à la suite du compte-rendu *in extenso* de la séance ; cette mention indique le nom du déposant, le nom et le domicile du pétitionnaire, mais elle est muette sur l'objet de la pétition (1).

Instruites par les exemples de la France et de l'Angleterre, les autres législations modernes ont sagement réglementé le dépôt des pétitions. La Constitution belge, dans son article 13, dit qu'il est interdit de présenter en personne des pétitions aux Chambres. La Constitution prussienne décide, dans son article 81, que nul ne peut remettre en personne une adresse, soit au Landtag, soit

1. V. M. Pierre, *Ouvr. cité*, p. 590.

à l'une des deux Chambres. La Constitution italienne
est aussi formelle et l'article 59 défend aux Chambres
de recevoir aucune députation, ni d'entendre d'autres
personnes que leurs propres membres, les ministres
et les commissaires du gouvernement. La Constitution du Grand Duché du Luxembourg décide que
personnen'oserait apporter en personne une requête
à la Chambre. Dans les autres pays, si les Constitutions
sont muettes sur ce point, du moins dans les lois pos-
térieures ou dans les règlements des Chambres, on
trouve cette même prohibition si légitime, et dont le but
est de protéger la paix publique et l'indépendance des
assemblées délibérantes.

Voilà comment s'exerce le droit de pétition dans les
différents États modernes ; les abus auxquels il a donné
naissance ont forcé le législateur à le réglementer. Mais
il ne suffit pas de donner aux citoyens la plus grande
latitude et le plus de facilités possible pour exercer leur
droit, il faut aussi que ce droit aboutisse à des résultats
pratiques. Nous avons suivi la pétition depuis sa confection, depuis sa naissance jusqu'au moment où elle
est remise aux autorités compétentes pour y donner
suite, il nous faut voir maintenant ce que ces autorités
vont en faire ; il nous faut, en un mot, étudier les effets
du droit de pétition.

CHAPITRE IV

Effets du droit de pétition.

Examen des pétitions devant les autorités auxquelles elles sont
adressées, et spécialement devant les Chambres. — Solutions
données aux pétitions : Ordre du jour, question préalable, renvoi au ministre compétent. — Pétitions tendant à la mise en
accusation d'un ministre. — Etude sommaire des effets du droit
de pétition en Belgique, et en Angleterre. — Appréciation sur
la façon dont les Chambres procèdent à l'examen des requêtes
qui leur sont présentées.

Dès que la pétition est parvenue aux autorités compétentes pour la recevoir, elle est examinée dans les
formes prescrites par les règlements. Des pétitions
peuvent être adressées à toutes les autorités publiques et nous allons voir à quoi elles sont susceptibles
d'aboutir.

Dans les premiers temps de la monarchie absolue,
le droit de pétition était admis comme le seul recours
régulier contre les jugements rendus en dernier ressort, avant que l'appel régulier ait été introduit. Il
s'exerçait naturellement devant le roi et ce recours a
même été l'un des puissants moyens qui ont servi à
l'extension du pouvoir royal en France. Beaucoup plus

ta rd, sous la Charte de 1830, le recours au Roi en
Conseil d'Etat jouait encore un assez grand rôle dans
notre droit (1). Sous l'Empire, le décret du 18 décembre 1852 organisait dans le Conseil d'Etat une section
spéciale, chargée d'examiner les requêtes adressées à
l'Empereur.

De nos jours, il n'y a rien de tel et nous ne trouvons
nulle part une disposition réglant la marche à suivre
pour l'examen des suppliques adressées au Chef de
l'Etat. Le droit de pétition s'exerce de la façon la plus
active auprès du Chef du pouvoir exécutif, dans les
pays et aux époques où il a un pouvoir propre, une
autorité personnelle assez grande. Mais dans les
démocraties modernes, dans les pays de régime
parlementaire, où les Chambres disposent de presque
toute la puissance, c'est à elles que l'on s'adressera
naturellement et c'est d'elles que nous nous occupe-
rons spécialement. Le Président de la République,
chez nous, lorsqu'il recevra une pétition, le renverra
au minis're compétent, s'il le juge à propos. Au contraire, devant les Chambres, la procédure d'examen
des pétitions est strictement déterminée par les règlements. C'est cette procédure qui va appeler notre attention. Nous allons la suivre un peu, sans cependant
entrer dans le détail des règlements des assemblées

1. *Traité de l'organisation et de la compétence.* De Serrigny,
n. 352 et suivants.

délibérantes, règlements qui, à peu de chose près, se ressemblent dans les différents Etats modernes.

Prenons les règlements des Chambres françaises. Tout d'abord les assemblées ne peuvent se prononcer sur les pétitions au gré des pétitionnaires; elles ne peuvent en effet dépasser les limites de leurs prérogatives constitutionnelles et les bornes de leur compétence se trouvent dans la règle admise chez nous de la séparation des pouvoirs. Dans aucun cas, les Chambres ne peuvent redresser les actes des agents de l'administration, sans quoi elles empiéteraient sur le pouvoir exécutif, ni reviser les jugements ou décisions judiciaires parce qu'elles iraient à l'encontre du pouvoir judiciaire. « Elles n'ont pas le droit de provoquer une poursuite en justice, dit M. Pierre; elles n'ont pas mandat pour saisir le parquet de faits qui leur paraissent délictueux. Ces principes ont été établis dans la séance de la Chambre des Députés du 1er avril 1879. » En thèse générale, on peut dire que toute requête, tendant à ériger les Chambres en tribunal d'appel, doit être rejetée. En un mot, le pouvoir législatif ne doit pas sortir de ses attributions pour usurper sur les prérogatives des pouvoirs exécutif ou judicaire.

Les pétitions sont examinées, quant à la forme, par le secrétaire général de la Présidence; si elles sont conformes aux règles établies, elles sont transmises, par ses soins, au bureau des procès-verbaux, qui les classe d'après leur ordre d'arrivée. Tous les mois, elles sont renvoyées à la commission chargée de les examiner ; cette commission est nommée par les membres de l'assemblée. Cependant, si ces pétitions sont relatives à une proposition actuellement soumise à l'examen d'une commission spéciale, elles sont renvoyées à cette commission par le Président.

La commission des pétitions les classe dans l'ordre suivant ; d'abord celles qu'il serait bon de renvoyer à un ministre ; ensuite celles qu'elle juge, indépendamment de ce renvoi, devoir être soumises à l'examen de la Chambre ; enfin celles qu'elle juge indignes de retenir l'attention. Avis est d'ailleurs donné au pétitionnaire de la résolution adoptée à l'égard de sa requête et du numéro d'ordre qui lui est donné.

Un feuilleton, distribué chaque mois aux membres de l'assemblée, mentionne le nom et le domicile du pétitionnaire, l'indication sommaire de l'objet de la pétition et le nom du rapporteur, enfin la résolution adoptée par la commission, avec le résumé succinct de ses motifs. Tout membre peut alors, dans le mois de la distribution du feuilleton, demander le rapport en séance publique ; mais, le plus souvent, le rapporteur se contente d'indiquer l'objet de la requête dont il rend compte et la chambre vote par assis et levé, à moins qu'un scrutin public ne soit demandé : ce qui sera très rare (1).

1. Pierre, ouvrage cité, p. 592. *Règlement du Sénat*, art. 87 à 104. *Règlement de la Chambre des Députés*, art. 66 et suivants.

Alors plusieurs solutions peuvent se présenter. Ou la pétition sera renvoyée au ministre compétent, ou on passera purement et simplement à l'ordre du jour, ou enfin on posera la question préalable.

Pour le premier cas, pas de difficultés. Un pétitionnaire se plaint d'avoir été lésé par une entreprise de l'Etat, on renvoie au ministre des travaux publics ; un autre demande un degrèvement d'impôts, on renvoie au ministre des finances. Parfois la Chambre pourra ajouter au renvoi cette mention : exprime le vœu qu'il soit donné à la pétition la plus prompte solution possible.

Lorsque la requête ne présente aucun intérêt, on passe à l'ordre du jour et, lorsqu'elle contient une demande inconstitutionnelle, inconvenante ou inopportune, les Chambres lui infligent la question préalable, à titre de blâme. C'est le seul moyen dont disposent nos assemblées pour écarter ce genre de pétitions. Elles ont essayé de faire plus. Dans sa séance du 28 décembre 1819, la Chambre des Pairs statuait sur une demande d'un nommé Vincent qui exprimait le désir que la loi, punissant les régicides, fût rapportée. La Chambre déclara que cette pétition serait biffée de tous les registres et lacérée hors du lieu des séances. Voilà un moyen qui, de nos jours, paraîtrait assez ridicule et ne serait guère applicable.

Mais, en dehors de ces pétitions ridicules ou inconvenantes, il en est d'autres qui ne présentent pas ce caractère et qui, cependant, ne peuvent avoir de suites. Par exemple, une requête tendant à la mise en accusation d'un ministre n'est pas recevable. En effet, d'après nos lois constitutionnelles, seuls les membres de la Chambre des députés peuvent prendre l'initiative des demandes en accusation de ministres devant la Haute Assemblée. Après la guerre de 1870, rapporte M. Pierre, des requêtes de cette nature eurent lieu en nombre assez considérable, demandant des poursuites contre d'anciens ministres ou des ministres en fonctions ; le président Grévy n'y donna pas de suite et avec raison.

Chaque fois qu'un évènement grave se produirait, on verrait aussitôt une quantité énorme de pétitions demander la mise en accusation d'un ministre ou même du Président de la République. On voit quel trouble en résulterait pour l'Etat. Avec le droit qui appartient à chaque membre de réclamer la lecture du rapport en séance publique, on aboutirait à des débats continuels qui sémeraient une agitation perpétuelle, non seulement dans le sein des Chambres, mais dans le pays.

Telles sont les différentes solutions auxquelles aboutit l'exercice du droit de pétition devant les Chambres. Par la question préalable, on inflige un blâme au pétitionnaire ; par l'ordre du jour pur et simple, la requête n'est pas retenue ; le cas le plus fréquent est le renvoi au ministre compétent.

Il est rare qu'un débat public ait lieu sur une péti-

tion. Parfois, dans les temps d'agitation politique, et
à l'époque où de grandes lois sont sur le point d'être
votées, la quantité de pétitions qui parvient sur les
bureaux des assemblées peut influer, dans une certaine
mesure, sur les délibérations de celles-ci, mais cela
tend à devenir de plus en plus rare. Chaque membre
peut, il est vrai, en vertu de son droit de contrôle,
provoquer une interpellation sur tel ou tel fait signalé
dans une pétition, mais cela n'est pas d'un usage fréquent et la règle générale est le renvoi devant le ministre compétent.

Ce renvoi lui est notifié par le président de l'assemblée et le ministre est absolument libre de donner telle
suite qu'il lui plaît. Nous croyons ne pas trop nous
tromper en disant qu'il n'en donne le plus souvent aucune. Le règlement de la Chambre des Députés, dans
ses articles 66 et 68, et le règlement du Sénat, dans
ses articles 100 et 102, disent bien que, dans le délai
de six mois, les ministres doivent faire connaître, par
une mention portée au feuilleton distribué aux membres de la Chambre, la suite qu'ils ont donnée aux
requêtes qui leur ont été respectueusement renvoyées;
mais est-ce très efficace ? En soi, cette disposition est
loin d'être mauvaise, car elle stimule toujours un peu
le zèle du ministre. Le renvoi à un ministre équivaut
à une recommandation, et rien n'est plus légitime que
de demander à ce ministre quelle suite il a donnée à
la requête. Il demeure d'ailleurs parfaitement libre de

décider du sort de la pétition. Sous l'empire des Chartes de 1814 et de 1830, les ministres ont toujours dé-
daigné d'instruire la Chambre de leur décision, sous
prétexte que le pouvoir législatif ne devait pas intervenir dans l'administration.

Voilà donc à quoi aboutit le droit de pétition actuellement ; nous verrons plus tard par suite de quelles circonstances ce droit n'a plus aujourd'hui la même importance qu'autrefois. Cela n'est pas particulier à la
France, et, sauf peut-être en Angleterre, où les pétitions, surtout celles à tendance politique, ont encore
quelque crédit, dans les autres Etats, ou peut faire la
même observation. Partout les règlements des Chambres déterminent la procédure à suivre dans l'examen
des pétitions et partout nous retrouvons les mêmes
règles que chez nous. C'est toujours le même renvoi
au ministre compétent qui, le plus souvent, ne donne
aucune suite.

En Belgique, le droit de pétition peut s'exercer, non-
seulement à l'égard des assemblées législatives, mais
aussi à l'égard des conseils provinciaux et communaux, pour les matières qui sont dévolues à ceux-ci
par la loi. Pour les pétitions adressées aux Chambres,
et ce sont les plus fréquentes, la procédure à suivre
est formulée dans l'article 54 du règlement du Sénat
et dans les articles 72 et 77 du règlement de la Chambre des représentants. Chaque mois, y est-il dit, il est

nommé une commission et il est fixé deux jours par mois pour l'examen des pétitions.

En fait, en Belgique, les Chambres ne s'occupent plus des pétitions. Le greffe de chacune des deux assemblées fait chaque jour une analyse de toutes les requêtes présentées. Cette analyse paraît aux « *Annales parlementaires* ». Et, aux jours fixés par le règlement, le secrétaire de la Chambre donne lecture de ces analyses, le plus souvent devant des bancs vides. Généralement on renvoie à la commission des pétitions ; parfois un membre zélé demande un rapport, mais ce cas devient de plus en plus rare. La Chambre peut aussi passer à l'ordre du jour purement et simplement.

Que fait la commission? Elle peut prendre trois partis ; ou renvoyer au ministre compétent ; ou demander au ministre quelques explications, ou enfin renvoyer au bureau des renseignements de la Chambre pour supplément d'informations.

Dans le cas le plus fréquent où la commission renvoie au ministre compétent, elle a le droit de lui demander quelques éclaircissements ; mais elle doit le faire toujours très respectueusement ; si elle lui faisait une injonction, ce serait un empiètement sur le pouvoir exécutif. Lorsque le ministre s'est expliqué, la Chambre peut l'approuver ou le blâmer. Ces explications demandées au ministre ne sont pas la règle et, de même que chez nous, la conclusion la plus fréquente est le renvoi pur et simple au ministre compétent.

Donc, en fait, les Chambres belges ne s'occupent plus guère des requêtes qui leur sont présentées. Il n'en était pas ainsi dans les premiers temps de l'indépendance de la B lgique ; et de 1830 à 1850, on voit les assemblées prendre très au sérieux les pétitions qui leur étaient soumises. Puis, peu à peu, l'enthousiasme se ralentit et le 13 juin 1861, M. Allard émit l'avis qu'il y avait lieu de modifier l'article 65 du règlement de la Chambre des représentants, en vue de réduire le temps consacré à l'examen des pétitions, qui fort souvent, dit-il, ont un caractère insignifiant et même ridicule. M. Goblet est d'avis qu'il y aurait danger à restreindre le droit de pétition, et M. Vander Donckt pense qu'on pourrait faire un rapport général sur les pétitions qui ne méritent pas l'examen et proposer l'ordre du jour (1). Dans la suite, les règlements furent modifiés.

L'article 58 de la Constitution grecque porte que la Chambre a le droit de renvoyer aux ministres les pétitions qui lui ont adressées, et que ceux-ci, sont tenus de donner des éclaircissements toutes les fois qu'ils en sont requis. Berriat Saint-Prix disait fort sagement qu'il est essentiel de soumettre chaque ministre à l'obligation de fournir l'indication des décisions prises à l'égard des pétitions, ou des raisons qui ont rendu inefficace la recommandation de l'assemblée. Ce principe, qui a été consacré par la législation grecque aurait

---

1. V. Hymans, déjà cité, au mot, « pétition »

d'excellents résultats dans la pratique, si les législateurs avaient quelque souci du sort des pétitions.

L'article 123 de la Constitution serbe est dans les mêmes dispositions, lorsqu'elle donne à la Skoupchtina le droit de communiquer aux ministres les plaintes à elle adressées, et de leur demander des explications sur leur contenu. L'article 67 de la Constitution du Grand Duché du Luxemburg fait de même, en prescrivant que les membres du gouvernement doivent donner des éclaircissements sur le contenu des pétitions, chaque fois que la Chambre le demande.

Au Parlement anglais, il n'y a pas à proprement parler des règlements; il n'y a guère que des usages et des précédents (1). Il y eut tant de pétitions dans ce pays que les Chambres, en 1839, ont été obligées de changer leur manière d'examiner les requêtes ; autrefois la Chambre des Communes discutait toutes les pétitions qui lui étaient présentées. Cela entraînait une grave perte de temps et l'inconnu devint tel qu'on fut obligée d'y remédier.

Une commission spéciale classe les pétitions et en fait un rapport deux fois par semaine. Chaque membre

1. Pour l'Allemagne, V. notice de M. Daguin, dans le *Bulletin de la société de législation comparée* de mars 1876. Pour l'Autriche notice de M. Daguin, mars 1876. Portugal, de M. David avril 1876 Suède, de M. Daceste, avril 1876. Norwège de M. Leclerc, avril 1876. Espagne, de M. Riva, juillet 1876. Par l'Angleterre, v. artice de MM. Aucoc et Vergnaud (février 1875 et avril 1866).

de la Chambre a le droit de faire, en vertu de son initiative parlementaire, une proposition fondée sur une requête ; en ce cas, l'objet de la supplique est débattu par la Chambre, conformément aux dispositions en usage sur les propositions émanées de l'initiative parlementaire.

Les pétitions sont rendues publiques. Les rapports sont mis en vente trois fois par semaine, et on y trouve indiqués le titre et l'objet de la pétition, le nombre de signatures, avec des renvois à toutes les adresses déjà reçues pour le même objet. On va même plus loin ; toutes celles qui présentent un intérêt spécial sont imprimées in extenso. Celles qui obtiennent cette faveur sont environ dans la proportion de une sur vingt ; un millier de pétitions sont imprimées tous les ans in extenso. C'est un excellent moyen ; de cette façon, une bonne idée peut faire son chemin et, en la portant à la connaissance du public, elle peut parfois aboutir à faire élaborer une loi nouvelle ou à en faire abroger une qui paraîtrait défectueuse.

Telle est la règle suivie en Angleterre dans l'examen des pétitions. Les pétitions, dans ce pays, sont l'origine des bills privés.

Dans la procédure parlementaire anglaise, on distingue entre les lois d'intérêt général (public policy) et les lois d'intérêt privé (private bills). Les premières ne

1. V. l'ouvrage de M. de Franqueville sur les institutions de l'Angleterre.

nous intéressent pas, mais, pour les secondes, elles parviennent devant les Chambres sous forme de suppliques (1). La proposition est présentée, comme pour les autres pétitions, par un membre du Parlement qui vérifie si toutes les formalités légales sont remplies. Alors s'engage devant la Chambre une espèce de débat judiciaire entre le demandeur et les opposants. La Chambre ressemble alors à une cour de justice, en ce qu'elle doit se prononcer entre les deux parties ; mais elle se place uniquement au point de vue de l'intérêt général, car aucune des parties n'a de droit acquis. L'une et l'autre demandent une faveur et, dans sa décision, l'assemblée n'a qu'à s'inspirer de l'intérêt de tous.

Nous venons de voir à quels effets aboutit l'exercice du droit de pétition. Il n'y a qu'à regretter une chose : les assemblées devraient examiner avec plus de soin les suppliques qui leur sont adressées.

Sans doute, le renvoi au ministre compétent peut produire de bons résultats et amener le redressement des griefs que réclame le pétitionnaire. Sans doute aussi la disposition, qui se trouve dans le règlement des Chambres, et qui oblige les ministres à rendre compte aux assemblées de la solution donnée aux demandes qui leur sont transmises, cette disposition, disons-nous, est de nature à stimuler le zèle des membres du gouver-

1. V. l'ouvrage de M. de Franqueville, *sur les Institutions de l'Angleterre.*

nement ; malheureusement, en six mois, les députés se sont désintéressés de la question ; enfin, en six mois, de temps, il faut bien le dire, les ministres changent et ce n'est pas un moyen de faire aboutir les pétitions. En ce qui concerne celles qui ont un caractère politique, les Chambres passent le plus souvent à l'ordre du jour et il n'en est plus guère question.

Il n'en était pas ainsi, quand, après des révolutions, ce droit fut conféré aux citoyens ; les assemblées prenaient leur rôle plus au sérieux. L'histoire de la France et celle de la Belgique le prouvent suffisamment. Mais peu à peu, le zèle se ralentit et le droit de pétition n'est plus que l'ombre de ce qu'il promettait d'être ; nous en verrons plus tard les raisons.

Cependant, si le peuple a d'autres moyens de faire entendre sa voix aux pouvoirs constitués, il est permis de regretter que des solutions plus fréquentes ne soient pas données aux pétitions, et de désirer que le renvoi au ministre compétent ne soit pas seulement une phrase.

Malgré le découragement qui devrait se produire parmi les citoyens, en voyant leurs plaintes si rarement entendues, le droit de pétition est cependant encore assez souvent employé. Après avoir jeté un rapide coup d'œil sur son usage dans le passé, nous rechercherons s'il en est fait un fréquent emploi de nos jours ; enfin nous tâcherons de découvrir les causes du discrédit dans lequel il est tombé.

CHAPITRE V

Usage du droit de pétition.

Emploi du droit de pétition en Angleterre dans le passé et dans le
présent : importants pétitionnements. — Le droit de pétition
en Belgique et en Italie. — Usage plus ou moins considérable
du droit de pétition sous les divers gouvernements français. —
Pétitions qui parviennent actuellement aux Chambres : leur
nombre et leur caractère. — Discrédit dans lequel semble
tomber le droit de pétition.

C'est en Angleterre que l'on trouve les pétitions
ayant quelque importance. Bien que ce droit ait existé
depuis les temps les plus reculés, il fut, dans la pratique, limité, pendant plusieurs siècles, au redressement
des dommages causés aux personnes ou aux propriétés
privées : c'était donc simplement un droit de plainte.

Sous Charles Ier, les pétitions se font de plus en
plus fréquentes et n'ont plus un caractère aussi restreint : elles prennent bien vite une forme politique.
C'est d'ailleurs l'évolution que nous avons déjà eu
l'occasion d'observer. Dès lors, les suppliques, au lieu
d'être individuelles, deviennent collectives ; de nombreuses signatures commencent à les couvrir. Le long
Parlement en reçut un grand nombre. Cette assemblée

fut peu tolérante pour ce genre de manifestatioss et il ne fut pas rare de voir des pétitionnaires emprisonnés (1). Malgré cela, l'habitude ne se perdit pas et on n'en continua pas moins à envoyer des adresses politiques au Long Parlement. Mais la répression devint telle que l'on dût s'en abstenir.

Sous Charles II (2), l'absence du Parlement supprima les pétitions pendant longtemps et, dans une proclamation du 12 décembre 1679, le roi blâma, en termes très énergiques, les pétitionnaires qui avaient demandé la réunion du Parlement. On ne se contentait pas d'ailleurs de les blâmer, on les jetait en prison. Le 20 avril 1701, les députés-lieutenants du comte de Kent, plus vingt juges de paix et quelques propriétaires, signent une pétition, dite Kentish petition, et demandent aux Communes plus de célérité dans les affaires. Guillaume III, d'accord avec les Communes, les fait emprisonner, jugeant l'acte inconstitutionnel (3).

Pendant le règne de la reine Anne et sous les deux premiers Georges, on continue à pétitionner, mais seulement pour des griefs particuliers. Même, pendant les dix premières années du règne de George III, le Parlement se montra fort peu indulgent pour les requêtes qui lui étaient soumises.

1. *Clarendon's Hist. II*, 221, 348.

2. V. l'ouvrage d'Erskine May, *sur l'histoire constitutionnelle de l'Angleterre*.

3. Anson. *Law and Custom of the Constitution*, p. 309.

Ce n'est que vers 1780, qu'une vaste organisation fut formée, ayant pour but d'amener des réformes financières et parlementaires et les Chambres reçurent, en assez grand nombre, des pétitions demandant des lois politiques ou administratives. En 1782, il y eut une cinquantaine de requêtes réclamant une réforme dans la représentation des communes au sein du Parlement ; mais, en somme la plus grande partie avait encore trait à des intérêts individuels. M. Hallam, dans son histoire constitutionnelle de l'Angleterre (1), dit que « la grande multiplicité des pétitions, n'ayant aucun rapport à des intérêts privés, ne remonte pas plus haut que 1787, époque à laquelle furent présentées les suppliques pour l'abolition des noirs. Cependant il y eut, ajouta-t-il, vers la fin de la guerre d'Amérique, quelques pétitions en faveur de la réforme, qui auraient certainement été repoussées avec indignation à une époque plus ancienne de notre histoire ».

Parmi les premières pétitions auxquelles fait allusion M. Hallam, on remarque la pétition présentée contre le traité des noirs par les Quakers en 1782. Elle ne fut guère appuyée, car la nation n'avait pas encore pris de parti bien déterminé dans cette question. Mais bientôt le peuple apprit les monstruosités auxquelles donnait lieu cet abominable trafic, et toutes les sympathies allèrent aux noirs d'Afrique.

1. Hallam. *Histoire constitutionnelle*. II, p. 434.

Dans les années 1787 et 1788, plus de cent pétitions, couvertes d'un grand nombre de signatures, parvinrent au Parlement. Ce fut une occasion de remarquer quelle influence elles pouvaient exercer sur les délibérations des assemblées. La question du trafic fut examinée par le gouvernement, par le conseil privé, et par le Parlement ; l'abolition de la traite ne fut prononcée qu'après bien des années de lutte. Durant le débat, l'influence des pétitionnaires s'est fait sentir et c'est en partie grâce à eux que l'on doit d'avoir abouti. M. Fox, dans ses Mémoires, le reconnaît en ces termes. « En ce qui touche le commerce des esclaves, je crois que c'est surtout aux pétitions que nous devons le plus grand nombre de ceux qui ont voté avec nous, et qui nous ont parfois valu la majorité (1) ». De 1784 à 1789, on voit déjà environ 880 pétitions. Le roi et Pitt ne paraissaient pas regarder d'un œil très favorable le développement progressif de ce droit, car ils craignaient que l'agitation, qui avait eu lieu pour une cause juste, ne se reproduisit dans des buts moins louables.

Puis les pétitions politiques deviennent de plus en plus nombreuses et, ce que l'on cherche surtout, c'est de recueillir le plus grand nombre de signatures. En 1813, il y eut 200 pétitions en faveur des catholiques romains et environ 700 pour la propagation de la religion chrétienne dans l'Inde. En 1814, environ 150 pour

1. Fox, *Mémoires*, IV, 429.

le respect de la loi des grains et près de 1000 pour l'abolition de la traite. En 1817 et 1818, plus de 500 demandent la réforme du Parlement. En 1824, l'agitation recommence pour l'abolition de l'esclavage et, depuis cette année jusqu'au moment où l'acte d'émancipation fut adopté, c'est-à-dire en 1833, il y eut plus de 20.000 pétitions sur ce sujet. Il y en eut bien d'autres sur les objets les plus divers. De 1833 à 1837, on présente 5000 requêtes pour réclamer la stricte observation du jour de repos.

En 1845, 10.253 pétitions revêtues de 1.288.742 signatures furent présentées contre la subvention du collège de Maynooth. En 1850, il y en eut 4475 contre le travail du dimanche à la poste aux lettres. En 1851, 4144 demandes revêtues de 1.016.657 signatures furent présentées pour repousser les envahissements de l'Eglise romaine. En 1856, 4999 pétitions revêtues de 629.926 signatures demandent que le *British Museum* soit fermé le dimanche. En 1860, il y en eut 5575, avec 197.687 signatures, contre l'abolition des taxes ecclésiastiques et 5538, avec 610.877 noms, en faveur de l'abolition.

M. Erskine May raconte qu'en un seul jour, dans l'année 1860, près de 4000 pétitions furent présentées sur la question des taxes ecclésiastiques.

Dans ces dernières années, la nation a exprimé son opinion sur toutes les graves questions qui ont passionné l'Angleterre. Il y eut des pétitions sur le respect de la loi des grains, sur le suffrage universel, quelque-

fois revêtues de plus de deux millions de signatures.
Dans un relevé fait le 15 octobre 1871, on établit que
le nombre de requêtes, présentées au Parlement anglais dans la session de 1870, fut de 47.600 avec le chiffre total de 2.853.221 signatures.

Enfin, pour montrer dans quelle proportion s'est
accru l'exercice du droit de pétition, il suffit de faire
une petite comparaison. En l'espace de cinq ans, de
1784 à 1789, il y eut 880 pétitions ; dans le même laps
de temps, de 1826 à 1831, il y en eut 24.492 et de 1872
à 1877, le chiffre en a monté jusqu'à 91.846. Il y eut,
bien entendu, de nombreux abus et nous avons vu, au
cours de cette étude, le danger de ces adresses revêtues
d'un nombre considérable de signatures. Nous avons
vu que le zèle sans scrupule de certains agents les a
conduits à recourir à des faux et à d'autres manœuvres fauduleuses, et cela afin de multiplier les signatures. Cependant, les pétitions servent le plus souvent
en Angleterre d'expression à l'opinion publique, et
grand nombre de questions intéressantes ont dû leur
solution à la pression exercée sur les autorités par les
pétitionnaires.

En passant à l'étude des différents Etats modernes,
nous ne trouvons pas chez eux le droit de pétition en
aussi grande faveur. Les chiffres, que nous avons ren-
contrés en Angleterre, ne sont que rarement atteints.

1. Collectus Marquardsen, *Das staatorecht des konigreichs
Italien par Brusa,* p. 168.

Ce droit est beaucoup moins employé comme droit politique que comme moyen de demander le redressement d'un dommage causé. Sans doute, dans les moments de profonde agitation politique, on se sert de
cette liberté comme moyen d'influer sur les fonctions
législatives et sur les vues de Parlement; mais en
dehors de ces époques, où de graves questions passionnent particulièrement l'esprit des foules, la plupart des
requêtes ne sont relatives qu'à des intérêts privés.

En Italie, dans les premiers temps où fut accordé le
droit de pétition, on en fit un usage très fréquent; puis
petit à petit l'enthousiasme se ralentit. Il parvient à
chaque année de 3000 à 4000 pétitions sur les bureaux des Chambres ; nous sommes très loin des
chiffres anglais (1).

En Belgique, on en envoie aux Chambres environ
six à huit par jour. Elle peuvent se diviser en trois catégories. Il y a d'abord celles d'ordre général, ayant
trait aux matières politiques généralement à l'ordre du
jour, ou qui vont être discutés devant les assemblées.

Elles émanent le plus souvent de ces associations
politiques non reconnues par la loi qui pullulent en
Belgique ; quelquefois aussi de corps officiels constitués, tels que les conseils provinciaux ou communaux.
Des exemples célèbres dans l'histoire de la Belgique
en font foi. Il y eut des pétitionnements contre les lois

1. Collection Marquardsen. *Das staatsrecht des Kœnigreichs,
Italien*, par Bursa, p. 168.

scolaires de 1879 et de 1884, en faveur du suffrage universel et de la représentation proportionnelle en 1893
et en 1894, en faveur de la loi sur l'épargne de la femme
mariée, de l'institution des pensions ouvrières, du service militaire personnel et obligatoire ; toutes questions qui
passionnaient ou qui passionnent encore la nation belge.

Il y a ensuite les pétitions d'ordre matériel intéressant particulièrement un groupe d'individus ; de ce
nombre, parmi les exemples les plus récents, nous
trouvons la requête des agriculteurs de Belgique relativement à la vente de la margarine, celle des greffiers
de justice de paix, tribunaux et cours d'appel, au sujet
des pensions de retraite, celle des secrétaires communaux relativement à l'augmentation de leur traitement,
etc...

Enfin, dans une troisième catégorie, se rangent les
suppliques envoyées par des particuliers et concernant
uniquement un intérêt individuel. Quelques-unes font
des demandes de naturalisation, mais le plus grand
nombre réclame le redressement d'un préjudice causé ou
bien sollicite des secours, des indemnités, des pensions.

Dans ce pays aussi, l'usage du droit de pétition
était beaucoup plus fréquent autrefois, alors que, accordé, après la Révolution de 1830, il avait l'attrait de
toute nouveauté.

En France nous observons les mêmes faits. Lorsque
les lois de la Révolution eurent inscrit le droit de pétition au nombre des droits les plus sacrés des citoyens,

son emploi fut très fréquent et conduisit à des abus, dont nous avons déjà eu l'occasion de parler. Sous le premier Empire, on s'en servit très peu et il retrouva un regain d'actualité sous la Restauration. Très nombreuses au moment de la révolution de 1848, les pétitions jouèrent un grand rôle dans les événements qui se déroulèrent à cette époque de notre histoire.

Sous le second Empire, elles devaient être adressées au Sénat et, d'après un relevé officiel, on constate que, de 1852 à 1859, 1126 pétitions seulement furent adressées à cette Assemblée. C'était peu, mais ce n'était que le résultat des institutions de l'époque. Les séances du Sénat n'étant pas publiques, personne ne savait ce que devenaient les requêtes : cette absence de garanties décourageait les pétitionnaires. Par contre, le droit était exercé fréquemment devant l'Empereur ; une section du Conseil d'Etat était même préposée à leur examen. En 1861, lorsque les séances du Sénat furent rendues publiques, les pétitions devinrent plus nombreuses et atteignirent le chiffre de mille par année.

Dans ces dernières années, elles parviennent de préférence devant les assemblées et, particulièrement, devant la Chambre des députés. Cela se comprend ; la raison en est dans le mode d'élection des sénateurs et dans la durée de leur mandat. On peut dire qu'ils ne représentent pas l'opinion du pays avec la même exactitude que les députés, et naturellement les pétitionnaires s'adressent de préférence à ces derniers.

Ce droit s'exerce encore plus rarement devant le Président de la Réqublique.

D'ailleurs le zèle recommandé par Benjamin Constant s'est régulièrement refroidi dans nos Assemblées. En 1890, par exemple, sauf une seule exception, importante, il est vrai, aucune pétition n'a été discutée en séance publique. L'exception fut faite en faveur de la pétition n° 170, présentée par divers actionnaires et obligataires du canal de Panama.

La suite des débats fut l'adoption de l'ordre du jour présenté par M. Michou : « La Chambre, prenant acte de l'acceptation de renvoi par M. le Ministre, adopte les conclusions de la première commission des pétitions, et prononce le renvoi à M. le Ministre de la justice. » Il y a, chez nous, un nombre relativement restreint de pétitions touchant à l'intérêt général ; beaucoup ont seulement en vue des intérêts privés, réclament des secours, des pensions et des bureaux de talace, mais ne cherchent guère à concourir à l'œuvre législative. La lecture du *Journal Officiel* nous en convaincra facilement.

Parmi les pétitions adressées au Sénat dans les années 1897 et 1898, nous n'en trouvons guère qui soient relatives aux intérêts généraux. M. Lacroix de Saint-Etienne soumet à la Haute Assemblée un projet de réforme électorale. Le but du projet est de permettre aux absents et aux malades de voter. Sans doute, cette proposition serait intéressante à étudier, et certaines législations, notamment celles de la Norwège et de la Suisse sont entrées dans cette voie. Le rapporteur, M. Laubry, est d'avis qu'il y aurait des idées utiles à retirer de la lecture de ce projet, mais qu'à côté de cela, il y a bien des erreurs.

Une seule pétition, durant ces deux années, a été examinée en séance publique ; c'est celle de MM. Gazengel et Caston Monthaye, agriculteurs et commerçants dans le Congo Français.

Les années précédentes sont même encore plus pauvres à ce sujet et, à part quelques critiques contre la politique du gouvernement, on ne trouve pas grand' chose qui intéresse de près ou de loin les intérêts généraux du pays.

Les pétitions, relatives à des objets d'ordre privé, sont beaucoup plus nombreuses et l'on peut dire que c'est la généralité. Un grand nombre de personnes se plaignent d'avoir été victimes d'un déni de justice, oubliant sans doute que le Sénat ne peut rien pour ces sortes de choses-là, sinon de passer à l'ordre du jour. Un individu se plaint d'avoir été depuis onze ans victime de brigandages épouvantables en Tunisie et, pour donner sans doute à sa requête plus de chances d'être agréée, il traite les magistrats de faussaires, de voleurs et d'escrocs ! Un autre proteste contre la saisie et la vente de ses meubles ; le rapporteur dit que le pétitionnaire croit sans doute qu'en République, personne ne doit payer ses impositions, ses droits de succession, et propose de passer à l'ordre du jour.

Plusieurs détenus se plaignent de mauvais traitements ou demandent une réduction de peine ; dans le premier cas on renvoie au ministre de la justice compétent ; pour le second, on passe à l'ordre du jour.

Voilà pour les plaintes. D'autres sollicitent un secours, un bureau de tabac. L'approche de l'Exposition de 1900 fait que plusieurs personnes demandent, soit un kiosque pour vendre des journaux, des produits alimentaires, soit une buvette dans l'enceinte de l'exposition. Le Sénat ne peut que renvoyer le pétitionnaire devant le commissaire général de l'Exposition, seul compétent en ces matières. Il y a aussi de nombreuses pétitions émanant de greffiers de justice de paix de différents départements, et priant intamment le Sénat de voter le projet de loi concernant la révision de leur tarif ; le rapport est d'ailleurs très favorable, et conclut au renvoi devant la commission des finances qui examinait la question. Enfin un individu vient jeter la note gaie au milieu de toutes ces requêtes plus ou moins intéressées, en demandant au Sénat une bourse de voyage, pour aller faire reconnaître et approuver par le Pape une croix laïque, dont il soumet un spécimen à l'assemblée. Le rapporteur fait remarquer que, dans le courant de la même année, le même personnage avait demandé une bourse de voyage à la Chambre des députés, pour aller offrir au Pape un jeu dont il est l'inventeur et qu'il désigne du nom de : jeu du Piver. On passe à l'ordre du jour.

Arrivons à la Chambre des députés, et voyons dans quel but on a fait usage du droit de pétition durant ces dernières années. Les requêtes, touchant à l'intérêt privé, sont toujours de beaucoup les plus nombreuses.

Dans l'année 1897, sur vingt-six pétitions relatées dans un numéro du *Journal officiel,* une seule a trait à l'intérêt général. Ce sont des individus qui demandent des buvettes pour l'Exposition, ou qui se plaignent des agissements de notaires, d'huissiers, d'avoués et de magistrats. Ce sont des détenus qui se prétendent victimes d'une séquestration arbitraire et qui, comme ce pensionnaire de l'asile des Quatre-Mares(Loire-Inférieure), le font dans des termes si bizarres, que la simple lecture de la requête suffit à démontrer le bien-fondé de leur séquestration. Parfois, ce sont des groupes d'individus qui réclament dans l'intérêt de leur profession, comme ces bûcherons ardennais qui demandent à ce qu'il soit interdit à tout marchand de bois d'employer des ouvriers de nationalité étrangère, ou comme les habitants riverains du lac de Grand-Lieu, dans la Seine-Inférieure,qui protestent contre le projet de desséchement du lac : la Chambre renvoie dans ce dernier cas aux ministres de l'agriculture, des travaux publics et des finances.

Quelques questions, qui ont intéressé l'opinion publique durant cette année 1897, ont provoqué un certain nombre de pétitions. Les habitants de diverses communes du Doubs prièrent la Chambre d'intervenir en Orient pour assurer, aux Arméniens persécutés, la sécurité personnelle et la liberté de conscience. Le comité central démocratique demande que le vote de chaque député soit et reste individuel. Cette question intéressante avait déjà fait l'objet de plusieurs propositions, aussi le rapporteur conclut-il au renvoi devant la commission qui s'occupait déjà de la question. Quelques Parisiens protestent contre le projet Paris port de mer. Certains réclament un impôt sur les célibataires, et l'un deux propose un impôt fixe de cinq francs et une contribution de cinq pour cent sur le revenu; un autre voudrait qu'on empêchât les célibataires d'être fonctionnaires et demande à ce que tous les employés de l'Etat aient satisfait à la loi militaire et qu'ils soient âgés d'au moins trente ans et mariés.

La Chambre passe à l'ordre du jour sur toutes ces pétitions.

Une grosse pétition, signée de 4000 signatures légalisées de diverses communes du département des Vosges, demande à la Chambre d'instituer une fête nationale en l'honneur de Jeanne d'Arc. Une loi avait été votée en 1894 par le Sénat sur ce sujet; elle avait été transmise à la Chambre. Le rapporteur conclut au renvoi devant la commission de la Chambre chargée de l'examen du projet du Sénat. La proposition n'a jamais passé

à la Chambre des députés. Puis c'est un individu qui
réclame la suppression de la zone militaire des fortifi-
cations de Paris, sous prétexte qu'on n'y est pas au
sûr; on renvoie au ministre de la guerre, avec prière
de demander au Préfet de Police à ce qu'il soit exercé
une surveillance plus active.

Enfin d'autres requêtes ont un caractère beaucoup
moins précis : par exemple ce Parisien qui demande la
création de certaines lois établissant le devoir obligatoire et la paternité. Un autre se plaint des agissements de sa fille adoptive à son égard; il avait recueilli
cette jeune fille, et aujourd'hui, qu'elle a vingt trois
ans, elle veut se marier contrairement au vœu de son
père adoptif, lequel, en désespoir de cause, vient solliciter la Chambre d'intervenir.

Au *Journal Officiel* de l'année 1898, nous trouvons
que trois pétitions seulement ont été rapportées et discutées en séance publique ; la première est relative à
la construction d'un canal de Courcelles-lès-Lens à
Paris, dit canal du Nord ; une seconde est faite en faveur
des intérêts français établis au Congo ; la troisième est
celle de 3000 Savoisiens habitant Paris et demandant la
construction d'une ligne de chemin de fer entre Mou-
tiers et Bourg-Saint-Maurice.

Parmi les pétitions inspirées par l'intérêt général du
pays, nous en voyons quelques-unes intéressantes et
qui mériteraient une étude approfondie. Il y a d'abord
celle des industriels, commerçants, propriétaires et

agriculteurs de divers départements du bassin de la Loire, qui appellent l'attention des pouvoirs publics sur la nécessité de rendre la Loire navigable entre Nantes et Orléans. Cette requête fut présentée par plusieurs députés, et M. Roch fit un long rapport au nom de la 28° commission et conclut au renvoi de la pétition à M. le ministre des Travaux Publics, en l'invitant à faire poursuivre sans interruption les études commencées et à préparer dès à présent les voies et moyens pour l'établissement d'une voie navigable entre Nantes et Orléans.

Une autre proposition réclame la réduction des taxes postales ; une autre demande la suppression des conseils d'arrondissement. Un individu croit servir l'intérêt général en sollicitant l'extension des monts-de-piété.

Une requête tend à ce que tous les fonctionnaires et militaires soient nommés par le peuple ; une autre à ce que le testament du duc d'Aumale soit cassé. Un sieur Lantier propose un mode de répression du crime d'infanticide. Il expose que, neuf fois sur dix, les mères tuent leurs enfants pour cacher leur faute, et que cela n'existerait pas, si elles pouvaient clandestinement déposer leur enfant dans un lieu d'assistance. Au lieu de condamner ces femmes à la prison, dit le pétitionnaire, il faudrait les envoyer dans une colonie pour coloniser, en les condamnant à un, deux ou trois enfants. L'idée est assez originale, bien qu'elle ne paraisse pas très pratique !

Les Chambres, nous l'avons vu, reçoivent les requê-

les émanant d'étrangers lorsqu'elles concernent leurs
affaires privées ; aussi dans l'année 1898 un Autrichien
s'est-il adressé à la Chambre des Députés. Il dit avoir
rendu des services à la France pendant la guerre de
Madagascar et demande une indemnité à raison des
pertes qu'il a éprouvées au cours de cette expédition :
la commission prend en considération cette demande et
la renvoie aux ministres de la guerre et des colonies
compétentes pour y donner suite.

Le plus souvent, les pétitions dont la signature n'est
pas légalisée, ne sont même pas examinées par les commissions ; parfois cependant, lorsqu'elles présentent
un certain intérêt, on le rapporte quand même. C'est le
cas de cette requête non légalisée d'un individu interné
à Bicêtre et qui sollicite sa mise en liberté. « L'exposé
des motifs, dit le rapporteur de la commission, est de
nature à émouvoir et il serait déplorable que ces asser-
tions fussent vraies... Il y a tout particulièrement lieu
de savoir si les docteurs estiment que cet individu est
réellement dangereux. Dans le cas contraire, il con-
viendrait de le libérer... Cette pétition ne porte aucune
légalisation, mais il était impossible au pétitionnaire de
faire accomplir semblable formalité. Aussi la troisième
commission propose en conséquence le renvoi au bien-
veillant examen de M. le ministre de l'Intérieur».

Parmi les autres pétitions, presque toutes touchent
à des intérêts particuliers. Souvent des pères de famille demandent à ce que leurs enfants soit exempté

du service militaire ; la commission répond invariable-
ment qu'il faut pour cela faire une demande à titre de
soutien de famille ou, s'il y a lieu, une demande de réforme à l'autorité compétente et l'on passe à l'ordre du
jour. D'autres fois, ce sont des individus qui sollicitent
la réhabilitation, sans songer que l'autorité législative
n'est pas compétente pour cela et que c'est aux tribunaux qu'il faut s'adresser. Le plus souvent, ce sont des
plaintes ; on a été mis à la retraite d'office injustement,
ou bien on s'en prend à son notaire, à son avocat, sous
prétexte qu'ils ont négligé vos intérêts et vous ont vo-
lés. Puis ce sont des demandes de secours. Une dame
Valette, née Thierry, sollicite une indemnité ou une pen-
sion, à raison de la prise en possession par le gouvernement français de la succession de son parent, Jean
Thierry, décédé à Venise en 1675 : la commission ne
prend pas en considération cette demande, mais à raison de la situation précaire de la dame Valette, elle
conclut au renvoi de la requête devant M. le Ministère
de l'Intérieur, en le priant d'examiner s'il y aurait lieu
d'accorder un secours à la pétitionnaire. Enfin une
grande quantité de prisonniers sollicitent une réduction de peine, ou bien demandent à ne pas être relé-
gués à l'expiration des années de prison auxquelles ils
ont été condamnés.

Dans l'année 1899, nous ne relevons pas beaucoup
de pétitions touchant à des considérations d'ordre général. A part certaines vues d'un capitaine français

retraite, en faveur de l'arbitrage international et une requête demandant le vote d'une loi, interdisant à tout député d'intervenir dans une grève, nous ne trouvons pas autre chose.

Il y a toujours des inventeurs qui demandent à ce que l'on expérimente les uns une chaussure, les autres une semelle imperméable. Il y a toujours aussi les demandes de secours, émanant soit de particuliers, soit même de sociétés. Une société « l'Amicale de Montpellier » fait une demande de secours et aucun des signataires de la requête n'établit qu'il est dans une situation justifiant cette faveur ; la commission ne peut que passer à l'ordre du jour. On trouve aussi toujours des pétitions peu sérieuses. Ici, c'est un individu de Mustapha qui soumet certaines considérations sur la question sociale ; la pétition se divise en deux parties : la première, en prose, contient les solutions de certaines questions humanitaires : la seconde, en vers, est une suite d'imprécations contre les mauvais riches, les députés, les ministres, les sénateurs, les rois, les reines et les empereurs. Là c'est un Parisien qui réclame pour les aliénés le droit de vivre et d'aimer. Ailleurs, c'est un philosophe de Neuilly-sur-Seine qui tient absolument à ce que l'on dévoile à tous les beautés de l'ontologie, de la psychologie, de la morale, de la sociologie et de l'histoire des êtres et de la divinité. La commission passe à l'ordre du jour.

Parfois elle est plus sévère, et inflige la question

préalable, comme pour cet individu qui demandait la suppression des vingt-huit jours et des treize jours, du
Code pénal militaire, des conseils de guerre et en
profitait pour s'exprimer en termes injurieux à l'é-
gard des officiers de l'armée.

Quelquefois, la Chambre insiste vivement auprès du
ministre pour qu'une enquête soit rapidement menée.:
c'est le cas d'un pétitionnaire d'Oran qui se plaint d'avoir
été indûment dépossédé. La première commission conclut que, si les faits allégués sont exacts, le droit du
pétitionnaire serait établi et elle renvoie, avec avis favorable, à M. le ministre de la justice.

Ainsi que nous venons de le voir, par le rapide exposé
que nous venons de faire des pétitions adressées aux
Chambres dans ces dernières années, la grande majorité demande le redressement d'un dommage causé à
un intérêt particulier. Les questions d'actualité soulèvent parfois de nombreuses adresses, notamment cette
année ; depuis que l'on parle d'une nouvelle loi de l'enseignement supérieur, des pétitions parviennent à la
Chambre des députés, demandant à ce que les familles
soient laissées libres, quant au choix des établissements
où doivent être élevés leurs fils, à quelque carrière
qu'ils se destinent. D'autres, au contraire, réclament
l'adoption de la loi. Mais, en dehors de ces grands
courants qui se produisent de temps en temps, on ne
voit guère de pétitions ayant un caractère politique.

A l'issue de la guerre de 1870, dans l'espace de quelques mois, du 12 février au 5 septembre 1871, l'Assemblée nationale reçut 2530 pétitions. La plupart d'entre elles avaient en vue l'intérêt du pays et réclamaient, par exemple, la confection et le vote de lois constitutionnelles. Mais on se trouvait à une époque particulièrement troublée ; la République venait d'être proclamée et il s'agissait de donner des institutions nouvelles à la France. Comprimé sous l'Empire, le droit de pétition reprenait son essor.

Mais, depuis cette époque, le zèle s'est considérablement ralenti et il n'est plus guère fait usage de droit de pétition en matière politique. Actuellement, il ne parvient guère plus de 3000 pétitions par année sur les bureaux de la Chambre des Députés et à peine un millier sur ceux du Sénat. En somme le droit de pétition tend de plus en plus à revêtir les formes d'un simple droit de plainte, droit qui appartient à tout individu lésé dans ses intérêts. Nous avons observé le même phénomène en Italie, en Belgique ; dans les autres pays, sauf peut-être en Angleterre, on constatera les mêmes faits.

Quelles sont les causes de cette défaveur, de ce discrédit dans lequel paraît tomber le jour en jour le droit de pétition ? C'est ce qu'il nous reste à examiner.

CHAPITRE VI

Causes de désuétude du droit de pétition.

Le suffrage universel, l'initiative législative des membres du Parlement, et surtout la liberté de la presse, sont ses plus redoutables adversaires. — Tentatives faites pour donner un peu plus d'importance au droit de pétition. — Les pétitions se trouveront de plus en plus limitées aux objets d'intérêt privé. — Conclusion.

D'après ce que nous venons de voir, l'importance du droit de pétition, jadis estimé à un si haut degré, diminue de jour en jour. Les raisons en sont faciles à trouver (1). L'universalité du droit de suffrage, l'initiative législative des membres du Parlement, leurs moyens d'action sur la direction du pouvoir exécutif, la jouissance et la multiplicité des journaux, sans enlever toute son importance à ce vieil instrument des libertés publiques qu'est le droit de pétition, ne lui laissent plus qu'une place secondaire.

Les pétitions ne sont plus guère aujourd'hui qu'un moyen de provoquer à la tribune des explications ou

1. V. M. Esmein, *droit constitutionnel* ; ouvr. cité p. 379. V. aussi les ouvrages de MM. Ducrocq et Pierre, déjà cités.

des votes, et encore ce fait devient-il de plus en plus rare; la grande majorité des requêtes passe inaperçue. Elles apportent d'ailleurs rarement aux assemblées la révélation de quelque fait ignoré; qu'y a-t-il, de nos jours, qui soit inconnu?

L'universalité du suffrage est un des premiers ennemis du droit de pétition. Sans doute, le suffrage universel n'existe pas partout et il est encore bien des Etats, même très démocratiques, où il n'est pas encore proclamé; mais enfin, les peuples s'en rapprochent de plus en plus et tous les moyens, toutes les combinaisons que l'on a cherchés dans les différents Etats pour le remplacer, ne sont que des atermoîments.

Le jour viendra sans doute où le suffrage politique sera partout accordé à tous et alors que deviendra le droit de pétition? Il recevra une grave atteinte.

En effet, ce droit, sous sa forme politique, pourrait-il avoir encore une grande importance au lendemain du jour, où la nation, par le choix de ses mandataires, a participé tout entière au gouvernement de la chose publique et a largement manifesté ses sentiments et ses aspirations? Dans les périodes qui précèdent chaque élection, tous les grands problèmes ont été agités, et souvent même des élections se font uniquement sur une question à l'ordre du jour. N'avons-nous pas vu chez nous des élections législatives se faire sur une question financière? Quelle autorité aurait donc une pétition sur cette matière, au lendemain de cette grande consultation ?

On s'adressera sans doute toujours aux Chambres et aux autorités publiques, pour demander le redressement d'un intérêt privé lésé, parce que le droit de pétition restera quand même le seul moyen d'obtenir parfois justice ; mais, sous sa forme politique, on l'exercera de moins en moins.

L'initiative parlementaire, laissée aux membres des Chambres, est aussi un grave rival du droit de pétition. Au xive siècle, en Angleterre, la Chambre des Communes exerçait elle-même le droit de pétition ; elle n'avait pas encore l'initiative en matière législative. Le roi était le législateur de son peuple et il ne convoquait le Parlement que pour lui demander des conseils ou des subsides.

Cette réunion des Chambres durait d'ailleurs fort peu de temps, et naturellement toutes les pétitions allaient vers le Roi, qui en prenait connaissance en son conseil ; c'était seulement auprès de lui qu'on avait quelque chance d'obtenir justice.

Mais lorsque les Chambres eurent plus de pouvoirs, lorsque leurs sessions durèrent plus longtemps, lorsque enfin, plus tard, par un nouveau progrès, elles furent associées à l'œuvre du gouvernement, on prit l'habitude de leur adresser les pétitions. Le Parlement, chargé de contrôler les actes du gouvernement, pouvait donc signaler les abus et les torts dont les agents de pouvoir se seraient rendus coupables (1).

Aux pétitions, que, dans l'origine, les Chambres présentaient au Roi, se substitue peu à peu le droit d'initiative. Ce droit, tout membre de l'une des deux assemblées pouvait l'exercer et à cette initiative, se joignait le droit d'enquête sur tous les actes qui paraissaient entachés d'abus de pouvoir, ou qui semblaient assez graves pour retenir l'attention du Parlement.

Le droit de pétition est donc devenu l'auxiliaire du droit d'initiative parlementaire ; mais peu à peu les Chambres finirent par négliger l'examen sérieux des pétitions ; lorsqu'elles sont l'émanation complète de la nation, lorsqu'elles représentent assez exactement la

---

1. M. Hallam dit à ce sujet : Ce fut sous le règne de Henri V que les communes commencèrent à s'occuper des pétitions présentées par de simples individus aux lords et au conseil du roi... Les communes avaient souvent manifesté une juste inquiétude sur les envahissements du conseil du roi. Voyant leurs remontrances sans effets, elles prirent des mesures pour prévenir l'usurpation du pouvoir législatif et introduisent la nécessité de leur propre adhésion aux pétitions particulières. Celle-ci furent dès lors présentées par les communes elles-mêmes et passèrent souvent sous la forme de statuts, avec l'assentiment exprès des trois pouvoirs. C'est là l'origine des bills d'intérêt privé, qui remplissent la plus grande partie des régistres des Parlements de Henri V et Henri VI. (Hallam *ouvr. cité*. Tome III, p. 136). V. aussi Guizot, *Histoire des origines du gouvernement représentatif*. Tome II, p. 346 et suivantes.

volonté du pays, elles laissent peu de place à une autre initiative qui ne vient pas d'elles. Dans leur sein, des propositions se font pour répondre aux besoins du moment, et il sera bien rare que des questions intéressantes n'y soient pas discutées. Dès lors que reste-t-il pour le droit de pétition ?

Nous avons vu combien les adresses politiques se font rares, nous vu avons la quantité de requêtes touchant à des objets privés qui parviennent sur les bureaux des Assemblées. Quelquefois une idée nouvelle surgit, mais ce n'est guère fréquent ; la plupart des questions ont déjà été soulevées par un membre des Chambres. M. Tallon le reconnaissait parfaitement, lorsque, faisant son rapport à l'Assemblée nationale, il disait : « Initiateur de transformations et de progrès législatifs, ce droit pourrait-il conserver une grande importance, en face d'une assemblée nombreuse, ardente à mettre en jeu son droit d'initiative, et ne laissant aucun abus, aucune défectuosité même des lois, sans les signaler aux réformateurs ».

Enfin, il y a une autre puissance qui s'élève de plus en plus et qui tend de nos jours à supplanter tous les autres moyens d'actions, dont des citoyens disposent pour faire entendre leurs vœux aux oreilles du gouvernement ou des Chambres : c'est la presse. Elle cherche à imposer ses idées au législateur et son influence devient de jour en jour plus considérable.

Certains orateurs de l'Assemblée Constituante l'a-

vaient indiqué par avance : « Le droit de pétition, disait
Beaumetz, à la séance du 10 mai 1791, qui est presque métaphysique dans sa définition, n'est pas non plus
d'un usage très important dans un gouvernement libre
et représentatif, parce que les citoyens peuvent toujours y suppléer par d'autres moyens qui lui ressemblent
si fort que, à la définition près, ils produisent presque le même effet, c'est-à-dire qu'il n'y a aucune espèce
de pétition que l'on ne puisse suppléer, par exemple, par la liberté de la presse : car, dans un empire
aussi peuplé que la France, où il est difficile d'additionner une somme de vœux individuels qui soit en
quelque rapport avec la majorité de la nation, il est
clair qu'un bon livre, dans quelque langue et par quelque auteur qu'il soit fait, fait plus d'impression sur
l'opinion publique et, par conséquent, détermine plus
puissamment les administrateurs et les législateurs,
qui ne méprisent pas l'opinion publique, que ne pourrait
le faire une pétition signée d'un grand nombre de
citoyens, quels qu'ils soient ». C'était là une véritable
prophétie, et de ces deux droits, l'un devait dépasser
l'autre en influence : la liberté de la presse l'a emporté
sur le droit de pétition.

Il est bien certain, qu'à l'époque où Beaumetz s'exprimait ainsi, cela n'existait pas ; le nombre des illettrés était encore trop grand pour que la presse eût
une influence aussi grande que de nos jours. Actuellement, l'instruction est beaucoup plus répandue, tout

le monde est à même de lire son journal, et la modicité du prix fait pénétrer la presse jusque dans les endroits les plus reculés du pays.

La presse, forte de l'opinion publique, a pris une importance considérable ; elle aspire à guider les esprits, à imposer ses idées à tous. Dès lors, une cause juste, une idée nouvelle ont nécessairement dans la presse assez de défenseurs pour qu'il soit inutile de recourir à la pétition. Mis en concurrence avec cette grande liberté des temps modernes, la pétition cesse d'être un organe essentiel et suffisamment autorisé pour élever la voix dans la discussion des affaires publiques. Elle restera seulement comme dernière ressource aux gens trop pauvres et trop peu influents : c'est déjà quelque chose.

Sans doute, il arrivera encore parfois que des pétitions se couvriront d'un grand nombre de signatures, et qu'elles auront une certaine influence sur l'esprit du législateur ; mais qu'est-ce que cela en comparaison de cette puissance quotidienne, de cette force de tout moment qu'est la presse ?

On a vu la décadence dans laquelle tombait de jour en jour le droit de pétition, et on a essayé de lui donner une influence plus considérable. Dans la séance du 4 mai 1882, M. Cunéo d'Ornano a déposé, sur le bureau de la Chambre des Députés, un projet de loi sur le droit de pétition et dont l'exposé des motifs est le suivant : « Messieurs, les lois constitutionnelles de la Ré-

publique actuelle ont été votées en 1875 par l'Assemblée élue le 8 février 1871, et non soumises à la ratifi-
cation du peuple. Elles ont établi en France un système
assez semblable à celui de 1830, et dans lequel on retrouve la même appréhension de toute intervention directe du peuple dans le choix de son gouvernement. On
a vu de tout temps, quand les droits du peuple sont
entièrement à la discrétion des sénateurs ou des députés, on a vu les majorités parlementaires, se grou-
pant au gré d'intérêts individuels, oublier les principes,
les programmes et fouler impunément aux pieds les
divers articles du mandat qu'elles tenaient de leurs com-
mettants.... Le seul remède à cet état de choses est le
retour aux principes trop oubliés de cette grande résolution, qui a été notre émancipatrice à la fin du siècle
dernier et qui sera notre inspiratrice au moment où
nous approchons de son centenaire.... Nous proposons
une note de procédure d'instruction qui permettrait
quelquefois à la nation entière de donner directement son avis sur la solution de certaines questions,
que le Parlement soulève et discute. Toutes les lois
continueraient à être l'objet de la discussion et du vote
des deux Chambres, mais, dans les circonstances excep-
tionnelles où les deux Chambres seraient, soit opposées
entre elles, soit saisies de propositions, au sujet desquel-
les un courant nouveau se serait établi dans l'opinion
publique, sans que la volonté du pays puisse être sûrement interprétée par ses représentants ; alors, si la

présente proposition était adoptée, un vaste pétitionnement, ralliant un million au moins de signatures, aurait pour résultat pratique d'amener immédiatement le
peuple à se prononcer sur la question qui divisait ses
représentants.... » Suit la proposition de loi : article
unique : lorsque des électeurs, au nombre d'un million
au moins, demandent par des pétitions, dûment légalisées, qu'une proposition de loi, soumise au Sénat ou à
la Chambre des Députés, soit directement soumise au
vote du peuple, le gouvernement appelle, dans le délai
d'un mois, les collèges électoraux à se prononcer, par
oui ou par non, sur la proposition de loi dont il s'agit.

C'est en somme l'initiative populaire telle qu'elle est
pratiquée en Suisse. Nous ne pensons pas qu'il faille
entrer dans cette voie et nous avons donné sommaire-
ment nos raisons, lorsque nous avons parlé de l'initiative populaire, au début de cette étude.

Le droit de pétition exercé dans l'intérêt général devait être fatalement écrasé par la puissance
beaucoup plus grande de la presse. Et cependant il
est permis de le regretter. Ces signatures, apposées
au bas d'une pétition, font foi des besoins ressentis par
une catégorie d'individus ; au contraire, il est possible
de créer dans la presse un courant très factice d'opinion et de présenter, comme mesures d'intérêt géné-
néral, des mesures qui, en somme, ne profiteraient
qu'à un groupe très restreint de personnes, parfois
même à une coterie qui y est particulièrement intéres-

sée. Souhaitons donc que la presse prête son concours
aux réformes utiles !

Il est donc regrettable de voir le droit de pétition
perdre la place si importante qu'il avait conquise. A
l'heure où les majorités deviennent de plus en plus
oppressives, il sert de garantie aux droits respectables
des minorités. Cette garantie, on l'a cherchée ailleurs,
dans le referendum et dans la représentation proportionnelle ; mais ces moyens présentent bien des dangers et soulèvent bien des objections.

La véritable garantie se trouve dans les droits individuels, qui donnent aux citoyens composant la minorité, assez de libertés pour n'être pas opprimés. Ce sont
ces « libertés nécessaires » qu'il faut conserver, et, au-dessus d'elles, le droit de pétition qui les protège toutes.
Avec ce droit, nul se sent assez bas placé pour craindre un appel aux pouvoirs publics, s'il a été victime
d'une injustice, et nul, si puissant qu'il soit, ne regarde
comme au-dessous de lui d'exposer ses raisons au législateur. Au bas des pétitions anglaises, figurent les
noms les plus respectés comme les plus obscurs du
Royaume-Uni. C'est la voix du pays tout entier qui
monte jusqu'au Parlement, et, c'est de cette façon qu'aux
moments décisifs de l'histoire d'une nation, le peuple peut s'unir à son gouvernement et lui communiquer
la force presque irrésistible qui est en lui.

TABLE DES MATIÈRES

CHAPITRE II

Jouissance du droit de pétition.

CHAPITRE III.

De l'exercice du droit de pétition et de ses limitations.

CHAPITRE IV

Effets du droit de pétition.

CHAPITRE V

Usage du droit de pétition.

CHAPITRE VI

Causes de désuétude du droit de pétition.

Vu par le président de la thèse
CHAVEGRIN

Vu par le Doyen,
GLASSON

Vu et permis d'imprimer :
Le Vice-Recteur de l'Académie de Paris,
GRÉARD

. V. GIARD & E. BRIÈRE, imprimeurs-éditeurs, 16, rue Soufflot, Paris.

www.ingramcontent.com/pod-product-compliance
Lightning Source LLC
Chambersburg PA
CBHW072355200326
41519CB00015B/3766